五年制高等职业教育汽车类专业新形态教材

汽车保险与理赔

主　编———— 曾华娟　陈　玲

副主编———— 窦怀龙　黄家进
　　　　　　 权　静　李　威

参　编———— 张　鹏　陆建萍
　　　　　　 胡瑞海　陈　琳

QICHE
BAOXIAN YU
LIPEI

北京师范大学出版集团
BEIJING NORMAL UNIVERSITY PUBLISHING GROUP
北京师范大学出版社

图书在版编目(CIP)数据

汽车保险与理赔 / 曾华娟,陈玲主编. -- 北京 :
北京师范大学出版社,2025.5 --(五年制高等职业教育
汽车类专业新形态教材). -- ISBN 978-7-303-30221-5

Ⅰ. F842.63

中国国家版本馆 CIP 数据核字第 20240RK214 号

出版发行:北京师范大学出版社 https://www.bnupg.com
　　　　　北京市西城区新街口外大街 12-3 号
　　　　　邮政编码:100088

印　　刷:鸿博睿特(天津)印刷科技有限公司
经　　销:全国新华书店
开　　本:889 mm×1194 mm　1/16
印　　张:12.5
字　　数:320 千字
版　　次:2025 年 5 月第 1 版
印　　次:2025 年 5 月第 1 次印刷
定　　价:45.00 元

策划编辑:林　子　张　沫　　　　　责任编辑:张　沫
美术编辑:焦　丽　　　　　　　　　装帧设计:焦　丽
责任校对:包冀萌　　　　　　　　　责任印制:赵　龙

前 言
Preface

当前，随着我国汽车产销量和保有量的增加，车辆交通事故以及事故造成的车辆损失、人身伤害损失等问题日益凸显，而在车辆交通事故损失处理中发挥重要作用的汽车保险也越来越受到重视。

近几年，我国汽车保险行业发生了重大变化，汽车保险产品销售渠道和销售方式更加多样，汽车保险行业正向着数字化、智能化方向发展。2020年9月4日，中国保险行业协会发布《中国保险行业协会机动车商业保险示范条款(2020版)》等五个商业车险示范条款，商业车险的险种、费率、赔偿条款较之前都有很大变化。为了适应汽车保险行业发展对复合型保险人才的需要，培养汽车保险行业高素质技术技能人才，本着适用、管用、够用的原则，结合多年的教学经验和科研实践，我们收集并整理了国内外相关资料，在充分考虑职业院校学生学情和职业教育特点的基础上，编写了这本《汽车保险与理赔》，本书具有以下特点。

1. **立足实际，适应一线**。本书以汽车保险理赔岗位所需的理论和技能为出发点，案例选择贴近岗位实际，理论技能适应一线需求，并通过大量训练锻炼学生的实践能力，使学生能够学以致用。

2. **资源丰富，满足需求**。本书配套了丰富的教学与学习资源，设置了大量的二维码，教师和学生扫码即可获取相关资源，能够满足教师开展数字化课堂的教学需求和学生个性化的学习需求。

3. **深入浅出，便于掌握**。针对职业院校学生的学习特点，本书使用简洁明了的语言和简单合理的排版，并有效引入大量贴近岗位和生活的案例，深入浅出，便于学生学习和掌握。

4. **结构合理，内容丰富**。本书由5个项目共19个任务组成，每个任务都采用课前、课中、课后"三段式"的学习设计，不仅可以帮助学生高效梳理知识点，还能够使学生注重理论联系实际，培养学生的综合素养和实践能力。

本书由曾华娟、陈玲担任主编，窦怀龙、黄家进、权静、李威担任副主编，参编人员有张鹏、陆建萍、胡瑞海、陈琳。

本书在编写过程中借鉴了相关的资料和保险公司的真实案例，在此，我们对这些资料的作者和保险公司表示衷心的感谢。由于编者水平有限，书中难免会有不足之处，恳请各位读者提出宝贵意见，以便我们在今后的修订中不断完善。

目 录
Contents

项目一

汽车保险基础知识

项目描述

　　随着我国私人购车比例的不断增加，"汽车保险"这一概念逐渐进入百姓视野。汽车保险是财产保险的主要险种之一，具有分散风险、组织经济补偿，积聚社会资金、资金投资运用、社会管理等功能。因此，汽车保险行业已成为一个朝阳行业，成为社会经济发展的助推器。在本项目中，我们将主要学习汽车保险的基础知识，包括认识车辆风险、认识汽车保险、订立汽车保险合同和掌握汽车保险原则四个任务，为后面的学习打下基础。

学习目标

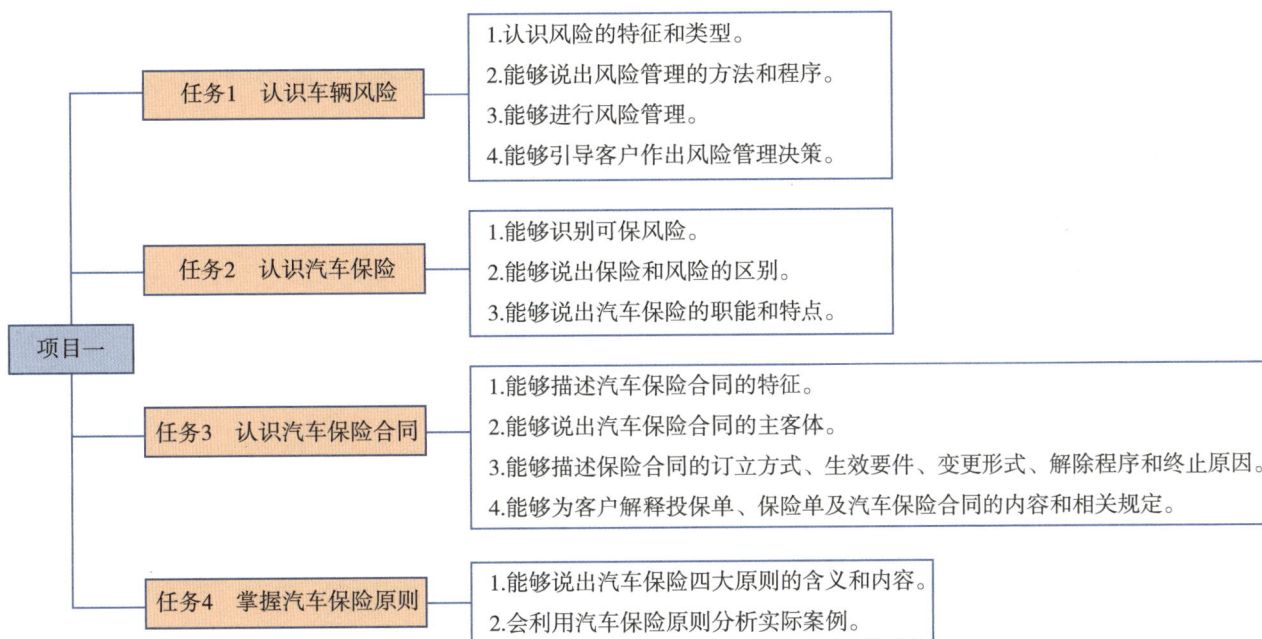

任务1　认识车辆风险	1.认识风险的特征和类型。 2.能够说出风险管理的方法和程序。 3.能够进行风险管理。 4.能够引导客户作出风险管理决策。
任务2　认识汽车保险	1.能够识别可保风险。 2.能够说出保险和风险的区别。 3.能够说出汽车保险的职能和特点。
任务3　认识汽车保险合同	1.能够描述汽车保险合同的特征。 2.能够说出汽车保险合同的主客体。 3.能够描述保险合同的订立方式、生效要件、变更形式、解除程序和终止原因。 4.能够为客户解释投保单、保险单及汽车保险合同的内容和相关规定。
任务4　掌握汽车保险原则	1.能够说出汽车保险四大原则的含义和内容。 2.会利用汽车保险原则分析实际案例。

（项目一）

任务 1　认识车辆风险

任务案例

王先生是一名职业院校的教师，有 5 年驾龄，最近他买了一辆新车，新车购置价为 25 万元。经了解，这辆车还没上保险，将用于上下班代步和自驾旅游，且该车将主要停放在地下车库。那么王先生的这辆新车可能面临的风险有哪些？车辆的风险事故是什么？如何有效识别风险因素，如何确定最佳风险管理方案？

课前预习

同学们，为了顺利完成本次任务，请在课前扫描右侧二维码，查阅资料，开展预习，熟悉相关应知应会知识点，并完成知识点介绍后的测试。

课前学习资料

知识点 1　风险、风险特征和风险要素

1. 风险的定义

对于"风险"这个概念，不少学者从不同角度给出了许多定义，但一般而言，风险与不确定性有关。

一种定义认为，风险就是有关损失的不确定性。

另一种定义认为，风险就是在给定情况下和特定时间内，可能发生的结果之间的差异。

在保险领域，风险特指和损失有关的不确定性，包括发生与否的不确定、发生时间的不确定和导致结果的不确定。

小测试：

(1)(多选题)风险一定会发生吗？在保险学里，风险的不确定性是指(　　)。

A. 损失发生与否的不确定　　B. 损失发生时间的不确定　　C. 损失程度的不确定

(2)风险是指在特定的客观情况下，在特定时期，＿＿＿＿＿＿＿＿＿＿的差异。

2. 风险的主要特征

风险的主要特征如表 1.1.1 所示。

表 1.1.1　风险的主要特征

风险特征	特征说明	举例说明
不确定性	不能确定是否会发生	总体来说，交通事故每年每月都有发生，但是具体对某一地点来说，该地点是否发生交通事故是不确定的
	不能确定发生时间	在生命风险中，死亡是必然发生的，这是人生的必然现象，但某一个人何时死亡是不确定的
	不能确定事故的结果，即损失程度的不确定性	交通事故每年每月都有发生，但人们却无法预知将要发生的交通事故是否会造成财产损失或人身伤亡，以及相应的损失程度
客观性	①风险不以人的意志为转移，是独立于人的意识之外的客观存在；②人们只能在一定的时间和空间内改变风险存在和发生的条件，降低风险发生的频率和损失程度，但风险是不可能彻底消除的	自然界的地震、台风、洪水，以及社会领域的战争、瘟疫、冲突、意外事故等灾害发生的风险，都是不以人的意志为转移的客观存在，是不可能彻底清除的
普遍性	风险存在于社会、企业和个人生活的方方面面，风险无处不在，无时不在	企业面临着自然风险、市场风险、技术风险、政治风险等，个人面临着生、老、病、死、意外伤害等风险
可测定性	利用概率论和数理统计的方法，我们可以测算出风险事故发生的概率及相应的损失程度，并且可以构造出损失分布的模型，这些是风险估测的基础	对于每一个驾驶员来说，交通事故是偶然发生的不幸事件，但是如果对某一地区发生的各种交通事故进行长期的观察和统计，就会发现驾驶员的驾龄、年龄、性别、婚姻状况等与交通事故的发生率有一定的关系，寻找其间的规律，可以测算出各类驾驶员的交通事故率
发展性	风险会随时间、空间因素的发展变化而变化	汽车没有普及前，车祸是极少数人可能遇到的风险，但随着汽车的普及，交通意外已经成为常见风险

小测试：

(1)(多选题)下列哪些属于风险的特征？(　　)。

A. 客观性和普遍性　　　　B. 不确定性　　　　C. 损失性　　　　D. 可变性

(2)有人说，如果多做好事做好人，有神明保佑，就可以没有风险了。这种说法正确吗？为什么？

(3)一个人一年遭遇意外伤害的概率可达 30%，在家受伤的概率小于 2%，出交通事故身亡的概率小于 0.0001%。这些数据说明风险可以预测，具备可测性。这种说法正确吗？

3．风险的要素

风险是由多种要素构成的，一般认为，风险由风险因素、风险事故和风险损失三个要素构成，有关风险要素的详细介绍如表 1.1.2 所示。

表 1.1.2   风险要素

风险要素	含义	特征说明	分类
风险因素	指那些会影响某一特定风险事故的发生，或发生的可能性，或发生造成的损失程度的原因和条件	①风险因素是风险事故发生的潜在原因，是造成损失的内在原因或间接原因；②风险因素越多，风险事故发生的概率就越大	①实质风险因素：指有形的、能直接影响事物物理功能的因素，如汽车的制动性能；②道德风险因素：指与人的品德修养有关的无形的因素，如人为制造"交通事故"等欺诈行为；③心理风险因素：指与人的心理状态有关的无形的风险因素，如购买了汽车盗抢险后，投保人或被保险人放松对汽车安全的管理，将车停放在无人或监控看管之处等心理或行为
风险事故	指造成人身伤害或财产损失的偶发事件，是导致损失的直接的或外在的原因	①风险事故是损失的媒介物，是直接引起损失后果的意外事件；②风险事故意味着风险的可能性转化为现实性，即风险的发生	
风险损失	指非故意的、非预期的、非计划的经济价值的减少，即经济损失	一般以丧失所有权、丧失预期利益、支出费用和承担责任等形式表现	①直接损失：由风险事故导致的直接财产损失和人身伤害；②间接损失：由直接损失引起的其他损失，包括额外费用损失、收入损失和责任损失等

小测试：

(1)风险三要素(风险因素、风险事故和风险损失)之间的关系可以表示为：

(2)一辆汽车由于转向系统失灵，发生交通事故，撞伤 1 人，撞坏交通信号灯。分析：在这个案例中，_____是风险因素，_____是风险事故，_____是风险损失。

(3)出租车发生交通事故造成的财产损失属于_____(直接/间接)损失；因出租车停驶，不能运营而产生的损失，属于_____(直接/间接)损失。

知识点 2　风险管理

1. 风险管理的定义

风险管理是通过对风险的识别、衡量、评估和决策管理等方式，有效控制风险和妥善处理损失的过程，是以期用最小的成本，获得最大的安全保障和经济利益的行为。

风险管理的主体可以是个人、家庭或任何组织。

2. 风险管理的程序

风险管理的基本程序包括风险识别、风险估测、风险评价、选择风险管理技术和风险管理效果评价等环节，如表1.1.3所示。

表 1.1.3　风险管理程序

风险管理环节	定义	说明
风险识别	辨别存在的潜在风险，对风险进行判断和归类，以及对风险性质进行鉴定的过程	风险识别是否全面深刻，直接影响到风险管理的决策质量，进而影响风险管理的最终效果
风险估测	在风险识别的基础上，通过对收集的资料进行分析，利用概率统计理论，估计和预测风险发生的概率和损失程度	风险估测是将风险进行定量化分析的过程，也是风险管理者进行风险决策、选择最佳风险管理技术的科学依据
风险评价	在风险识别和风险估测的基础上，结合其他因素，对风险发生的概率、损失程度等进行全面考虑，评估风险发生的可能性及危害程度，并决定是否需要采取相应的措施	风险评价的主要测算指标包括损失概率和损失强度
选择风险管理技术	根据风险评价结果，为实现风险管理目标，选择最佳的风险管理技术并实施。其中，风险管理技术一般可分为控制型和财务型两类，如图1.1.1所示	①控制型风险管理技术，以降低损失频率和减少损失幅度为目的，侧重于改变引起意外事故和扩大损失的各种条件；②财务型风险管理技术，以消化发生损失的成本为目的，主要是以提供基金的方式对无法控制的风险做出财务安排
风险管理效果评价	对风险管理手段的实施结果进行分析、检查、修正和评估，比较预期目标的差异，对所采取方法的科学性、适应性和受益性做出评价	风险管理效果的好坏取决于是否能以最小的风险成本取得最大的安全保障

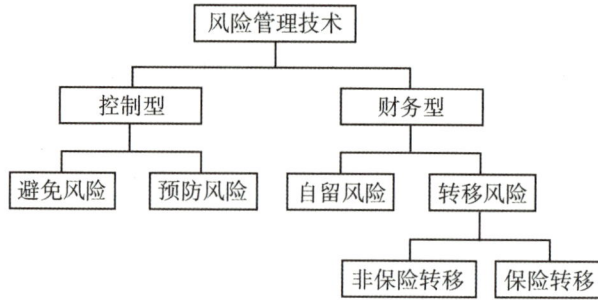

图 1.1.1　风险管理技术

3. 风险处理方式

风险处理是指通过采用不同的措施或手段，用最小的成本达到最大的安全保障的经济运行过程。常见的风险处理方式有避免风险、自留风险、损失预防、损失抑制和转嫁风险，如表 1.1.4 所示。

表 1.1.4　风险处理方式

风险处理方式	定义	应用场合	应用举例
避免风险	指放弃某一计划或方案来避免可能由此带来的损失	一般在风险所导致的损失幅度相当高或处理风险的成本大于收益时，采用此种方式	某路段被洪水冲毁了部分路基和桥梁，这时可以采用临时便道通行的方式，但比较危险。为了安全起见，过往车辆完全可以选择其他路线绕道通行，绕道通行虽然增加了运行费用和时间，但达到了避免风险发生的目的，这就是一种避免风险的处理方法
自留风险	指个人或企业自行承受风险损害结果的方法，包括主动自留和被动自留	一般在风险损失频率和幅度低，损失短期内可预测，以及最大损失对企业或个人财务稳定无影响时选用此种方式	人们常常将零钱直接放于自己口袋中以方便使用。此时对于零钱被盗的风险，人们采用的就是自留风险的处理方式
损失预防	指在风险损失发生前，采取措施消除或减少风险因素，以降低损失发生频率的方法	通常在风险损失频率高而幅度低时采用此种方式	定期对车辆进行检查，可以及时发现车辆故障，从而减少车辆在使用过程中发生事故的风险
损失抑制	指在发生风险事故时或风险事故发生后，为减小损失幅度或者防止损失幅度增加而采取的各种措施	通常在损失发生可能性高而风险又无法避免和转嫁的情况下采用此种方式	随车灭火器可以在汽车发生自燃时抑制火势蔓延；汽车的安全装置，如安全气囊、防抱死制动系统等，在一定程度上可以抑制事故发生时损失的扩大

风险处理方式	定义	应用场合	应用举例
转嫁风险	指企业或个人为避免承担风险损失，通过一定的方式，将风险损失或与损失有关的财务后果转嫁给另一个主体去承担的方法，可分为保险转嫁和非保险转嫁		①保险转嫁是指通过订立保险合同，将其面临的风险转嫁给保险人的一种风险管理技术，如车主购买机动车辆保险就是把风险转嫁给保险公司，属于保险转嫁；②非保险转嫁是指通过经济合同，将损失或与损失有关的财务后果，转嫁给另一个主体去承担，如劳务派遣、经营承包属于非保险转嫁

小测试：

(1)(单选题)下列关于风险管理目标的描述，错误的是(   )。

A. 杜绝损失发生   B. 尽可能减少直接损失和间接损失

C. 以最小的成本获得最大的安全保障   D. 将损失发生的可能性和严重性降至最低

(2)(单选题)对企业、家庭或个人面临的潜在的风险加以判断，对风险性质进行鉴定的过程称为(   )。

A. 风险估测   B. 风险识别   C. 风险评价   D. 风险测量

(3)(单选题)从根本上消除特定的风险单位或中途放弃某些风险单位，通过主动放弃或改变该项活动来处理风险的风险处理方式是(   )。

A. 避免风险   B. 控制风险   C. 自留风险   D. 损失抑制

课中实践

一　知识测评(判断题，正确的画"√"，错误的画"×")

题号	题干	答案	知识链接
1	风险是指在特定客观环境下，特定时期内，某一事件的预期结果与实际结果间差异的变动程度，变动程度越大，风险越大，反之则越小		知识点1
2	人们常说的"风险无处不在，无时不有"反映了风险的普遍性特征		知识点1
3	风险因素是风险事故发生的潜在原因，是造成损失的内在的或间接的原因		知识点1
4	风险可以部分地受到有效控制，但是从总体上说，风险是不可能完全排除的		知识点1

续表

题号	题干	答案	知识链接
5	暴雨造成路面积水、能见度差、道路泥泞，引起连环车祸，造成人员伤亡。在这一导致人员伤亡的事件链中，暴雨是风险因素，车祸是风险事故		知识点1
6	风险是与人类经济活动相伴的。没有人类的经济活动，就没有发生损失的可能		知识点1
7	风险三要素为风险因素、风险事故、风险损失		知识点1
8	控制型风险管理技术的目的是降低损失频率和减少损失幅度，重点在于改变引起意外事故和扩大损失的各种条件		知识点2
9	风险管理的基本目标是以最小的成本获得最小的安全保障		知识点2
10	风险管理的第一步是风险评价		知识点2
11	企业或单位自我承担风险损害后果的风险管理方法被称为风险自留		知识点2
12	风险管理主要是前期管评，风险事故是小概率事件，发生了也没办法		知识点2
13	保险是风险处理的方式之一		知识点2
14	汽车加装防盗装置属于控制型非保险转移		知识点2

二　工作任务

1. 任务分组

班级		组号		指导老师	
组长		承担任务			
组员及分工					
姓名	承担任务		姓名		承担任务

2. 任务实践

目标要求	1. 能进行风险识别和风险管理 2. 能充分考虑客户的实际情况，确定最佳风险管理方案
时间要求	30分钟
方法说明	可以采取小组讨论、查询资料的方法来完成

续表

实践具体内容		
序号	活动内容	活动记录
1	案例分析	(1)请帮助王先生识别他所购买的新车可能面临的风险 (2)请结合已经完成的风险识别，评估风险的损失频率和损失幅度 较大损失频率的风险： 较小损失频率的风险： 损失幅度较大的风险： 损失幅度较小的风险：
2	案例拓展	(1)请结合已经完成的风险识别，分析针对不同风险应该分别采取怎样的风险管理办法 (2)请确定最佳风险管理方案

3. 实施总结

组内的分工情况	
知识点的运用情况	
存在的问题	
改进的措施	

三　学习目标达成情况

序号	学习内容（知识、技能、行为习惯、职业素养）	目标达成情况			
		了解知道	理解掌握	指导下完成	独立完成
1	风险的主要特征				
2	风险管理的目标及程序				
3	识别车辆风险并进行风险管理				
4	树立正确的风险意识				

▶▶ 课后延伸

一 理论测试

二 任务实施巩固

思维拓展	
问题 1	王先生的新车发生风险事故后，可能会给王先生造成哪些损失？
问题 2	车辆发生事故造成人员伤亡时，可能的损失有哪些，损失的幅度如何？
问题 3	车辆发生风险事故时，在哪些情况下可能需要车主或驾驶员承担赔偿责任？

任务 2　认识汽车保险

任务案例

　　王先生认识到使用车辆存在风险，知道购买保险是机动车车主用以规避各种风险的一种简单的、有效的方法。但当他打算购买车险时，他发现自己仍不太清楚车险的功能和特点。假如你是保险企业的工作人员，你会如何解答王先生的困惑？

课前预习

　　同学们，为了顺利完成本次任务，请在课前扫描右侧二维码，查阅资料，开展预习，熟悉相关应知应会知识点，并完成知识点介绍后的测试。

课前学习资料

知识点 1　保险的定义和职能

1. 保险的定义

"保险"一词由英文"Insurance"翻译而来。

《中华人民共和国保险法》规定：保险是指投保人根据合同约定，向保险人支付保险费，保险人对于合同约定的可能发生的事故因其发生所造成的财产损失承担赔偿保险金责任，或者当被保险人死亡、伤残、疾病或达到合同约定的年龄、期限时承担给付保险金责任的商业保险行为。

我们可以从不同角度看待保险。

①从经济角度看，保险是分摊意外事故损失的一种财务安排。

②从法律角度看，保险是一种合同行为，是一方同意补偿另一方损失的一种合同安排。

③从社会角度看，保险是社会经济保障制度的重要组成部分，是社会生产和社会生活的"稳定器"。

④从风险管理角度看，保险是风险管理的一种方法。

2. 保险的职能

保险的职能可分为两类：基本职能和派生职能。

（1）基本职能

保险的基本职能是在风险事故发生后组织经济补偿和实现保险金给付。其中，组织经济补偿是保险的固有职能，也是最基本的职能。

①组织经济补偿：在特定的风险发生而产生一定的损失时，在保险期内、在双方签订的保险合同所承担的范围内，以及在保险所承担的保险金额内，保险公司按照实际损失数额对被保险人进行补偿。

注意：保险的补偿损失职能没有增加社会财富，而是对已有的社会财富的重新分配。

②实现保险金给付：保险基本职能在人身保险中的体现。人的生命和身体的价值无法用货币衡量，是不同于被保财产的特殊标的，因此财产保险和人身保险是两种不同的保险，两者的性质不一样。人身保险大多是按照保险合同规定的保险金额支付保险金的定额给付性保险。

综上，一般认为，保险的基本职能在财产保险中体现为补偿，在人身保险中体现为给付。

（2）派生职能

保险的派生职能主要指防灾防损职能和资金融通职能。

①防灾防损：出于提高经济效益、减少赔款、增加盈余的目标，保险企业会对保险标的可能发生的风险进行识别、分析和处理，以减少风险发生的概率，这时，保险就起到了防止或减少灾害和损失发生的作用。

②资金融通：保险的融通资金职能是指保险资金的积聚、运用和分配职能。

知识点 2　可保风险、风险与保险的关系

1. 可保风险

可保风险是指保险人愿意并能够承保的风险，是符合保险人承保条件的特定风险。可保风险具备以下特点。

①可能性。如果是一定不会发生的风险，就没有必要投保。

②偶然性。风险事故发生的时间、地点、损失程度等应是不确定的。如果这些是确定的，则损失就是必然发生的。而对于必然会发生的损失，保险公司是不会承保的。

③意外性。风险事故的发生是意外所致，而不是被保险人的故意行为所导致的。对由于被保险人的故意行为或被保险人不采取合理预防措施而造成的损失，保险人是不予赔偿的。

④纯粹性。保险人承保的风险只能是纯粹风险，而不能是投机风险。因为承保投机风险可能引发道德风险，使被保险人因投保而获取额外收益，这就违背了保险的损失补偿基本原则。纯粹风险是指风险承担者只有损失机会而无获利可能的风险。这种风险可能造成的结果只有两种，即没有损失或者有损失。

⑤同质性。可保风险应该是大量的、同质的、可预测的。保险人收取保费建立保险基金，以大数定律为基础，对某种同质风险进行概率统计，由此得出的风险发生概率和损失率是计算保险费率的依据。

⑥重大性。只有风险事故发生后会造成重大损失，才能促使多数人形成参加保险的意愿。如果风险损失不高，就没有必要一定采取风险转移的方式。

⑦分散性。保险金是以多数人的互助救济金为基础，为了弥补单个人抵御风险能力的不足，集合众人的力量形成的保险基金。可保风险应具备分散性，即当个别人因为遭遇危险而遭受损失时，保险人能够由已建立的保险基金来弥补单个人的损失。不具备分散性的风险，保险人可能将其列为不可保风险，例如战争。

2. 风险与保险的关系

保险是风险管理的有效措施之一。风险与保险的关系，主要有以下几点。

①风险管理与保险研究的对象都是风险，但保险研究的是可保风险。

②风险是保险产生和存在的前提，保险是风险事故发生后的一种经济补偿方式。

③保险经营效益受到风险管理技术的制约。如对风险的识别是否全面，对风险损失的频率和幅度的估计是否准确，哪些风险可以接受承保、哪些风险不可以承保，保险的范围应有多大、程度如何，保险成本与效益的比较，等等，都制约着保险的经营效益。

④风险的发展是保险发展的客观依据。新的风险能促使保险开发新的业务、新的险种、新的收费体系。

小测试：

(多选题)可保风险应满足哪些条件？（   ）。

A. 损失在一定范围内　　　　　　B. 是大量的、同质的

C. 属于纯粹风险　　　　　　　　D. 具有可预测性

知识点 3 汽车保险的定义、职能和特点

1. 汽车保险的定义

汽车保险，即机动车辆保险，简称车险，是在合同约定的风险事故发生时，在汽车保险的有效期内、在汽车保险合同约定的责任范围内，以及在合同约定的保险限额内，保险人对事故中实际产生的人身伤亡或财产损失负赔偿责任的一种商业保险。

汽车保险是财产保险的一种，在财产保险领域中，汽车保险是一个相对年轻的险种，是伴随着汽车的出现和普及而产生和发展的。此外，汽车保险也属于责任保险。

2. 汽车保险的职能

组织经济补偿和实现保险金的给付是保险的基本职能，也是汽车保险的基本职能。

汽车使用过程中的各种风险及风险损失是难以通过避免、预防、抑制和自留解决的。

因此，汽车用户（被保险人）以缴纳保险费为条件，将自己可能遭受的风险成本全部或部分转嫁给保险公司（保险人），从而使风险及风险损失得以在全社会范围内分散和转移，以最大限度地抵御风险。

3. 汽车保险的特点

汽车保险的特点主要体现为：汽车保险是一种商业行为；汽车保险是一种合同行为；汽车保险是一种权利义务行为。

汽车保险与一般的财产保险有所区别，除了财产保险具有的特点外，还具备以下特点。

①汽车保险属于不定值保险。汽车保险合同双方当事人（保险人和被保险人）在保险事故发生前并不确定保险标的物的实际价值，因此事先只约定最大赔偿限额，保险标的的实际价值的确定留待保险事故发生后、需要确定赔偿金额时再进行。

②保险赔偿主要采取修复方式。汽车保险的赔偿方式一般为修复，但如果车辆重置价格比修理费用便宜的话，保险人常称这辆车为全损。一般来说，汽车保险的保险金额是新车的购买价格或者车辆投保时的实际价值，但是由于使用中车辆有折旧，保险人也会设置绝对免赔额，所以车辆全损的情况下，赔款大多低于保险金额。

③保险标的出险率较高。汽车是陆地的主要交通工具，由于其经常处于运动状态，总是载着人或货物不断地从一个地方开往另一个地方，汽车之间很容易发生碰撞或其他意外事故，造成人身伤亡或财产损失，所以汽车保险的出险率较高。

④业务量大，投保率高。由于汽车出险率较高，汽车的所有者需要以保险的方式转嫁风险。我国在不断改善交通设施，严格制定交通规章的同时，为保障受害人的利益，实行第三者责任险强制保险。保险人为满足被保险人转嫁风险的需要，给被保险人提供更全面的保障，在车辆损失险和第三者责任险强制保险的基础上，推出了一系列附加险，使汽车保险成为财产保险中业务量较大、投保率较高的一个险种。

⑤扩大保险利益。为了给被保险人提供更充分的保障，汽车保险条款中一般规定：不仅被保险人本人使用车辆发生保险事故时，保险人要承担赔偿责任，而且凡是被保险人允许的驾驶人员使用车辆，也视为其对保险标的具有保险利益。如果发生保险单上约定的事故，保险人同样要承担事故造成的损失。

⑥绝对免赔率与无赔款优待。为了促使被保险人注意维护、养护车辆，保持安全行驶技术状态，注意安全行车，以减少交通事故，汽车保险合同中一般规定：根据驾驶员在交通事故中所负责任，车辆损失险和第三者责任险在符合赔偿规定的金额内实行绝对免赔率；保险车辆在保险期限内无赔款，续保时可以按保险费的一定比例享受无赔款优待。

⑦机动车辆损失赔偿限额和次数的特殊性。理论上，在机动车辆保险单的有效保险期限内，无论发生一次还是多次保险责任范围内的车辆损失索赔，只要保险人核定的赔偿额在保险单规定的保险金额内，保险责任就继续有效至保险期限结束，以致会在同一份保单下出现多次赔偿，且赔偿额累计高于保险单规定的保险金额的情况。但是实际上，只要一次事故的赔偿额达到或超过保险金额，保险责任就自然终止。

▶▶ 课中实践

一　知识测评（判断题，正确的画"√"，错误的画"×"）

题号	题干	答案	知识链接
1	保险是风险管理的一种方法		知识点 1
2	防灾防损是保险的一个直接职能		知识点 1
3	保险的损失补偿职能可以增加社会财富		知识点 1
4	风险必定都是可保的		知识点 2
5	投机风险是可保风险		知识点 2
6	可保风险是指可以向保险公司转嫁的风险		知识点 2
7	可保风险必须是纯粹风险		知识点 2
8	风险发生概率和损失率是计算保险费率的依据		知识点 2
9	战争是不可保风险		知识点 2
10	汽车保险属于财产保险，但不属于责任保险		知识点 3
11	汽车保险属于不定值保险		知识点 3
12	投保人选择汽车保险时，应了解自身所面临的风险的特征，根据实际情况选择个人所需的风险保障。对于汽车保险市场现有产品应进行充分了解，以便购买适合自身需要的汽车保险		知识点 3
13	汽车保险的基本职能主要是金融性融资职能		知识点 3
14	交通事故发生时，被保险人应当尽力采取必要的措施，防止或者减少损失		知识点 3

二　工作任务

1. 任务分组

班级		组号		指导老师	
组长		承担任务			
组员及分工					
姓名	承担任务		姓名	承担任务	

2. 任务实践

任务要求	1. 认识可保风险，理解汽车保险和保险的职能 2. 解答王先生对保险的困惑，增强其对保险的认同
时间要求	30 分钟
方法说明	可以采取小组讨论、查询资料的方法来完成

实践具体内容		
序号	活动内容	活动记录
1	认识可保风险	请根据 2020 年车险新规，判断下方列举的车辆损失是否可保，并说明不可保的原因 战争造成的车损：□可保　□不可保 洪水造成的车损：□可保　□不可保 竞赛中产生的车损：□可保　□不可保 驾驶员疲劳驾驶引发的事故造成的车损：□可保　□不可保 车辆油漆被刮伤：□可保　□不可保 市场波动造成的车辆价值损失：□可保　□不可保
2	理解汽车保险的职能	(1)说明汽车保险的基本职能 (2)车险能否为所有的风险提供保障？ □能　□不能 原因：

3. 实施总结

组内的分工情况	
知识点的运用情况	
存在的问题	
改进的措施	

三　学习目标达成情况

序号	学习内容（知识、技能、行为习惯、职业素养）	目标达成情况			
		了解知道	理解掌握	指导下完成	独立完成
1	保险的定义和职能				
2	保险与风险的关系				
3	说出可保风险的特点				
4	说出汽车保险的职能和特点				

课后延伸

一　理论测试

二　任务实施巩固

	思维拓展				
	生活中常见的一些保险和车险相比有哪些异同？				
	项目	医疗保险	养老保险	意外伤害保险	汽车保险
问题1	理赔限额（提示选项：定值或不定值）				
	赔偿方式（提示选项：货币补偿或修复补偿）				
	保险标的出险概率（提示选项：概率大或概率小）				
	投保率（提示选项：一般或高）				
	费率优惠（提示选项：免赔率或无赔款优待）				

续表

思维拓展	
问题 2	查询资料，简述汽车保险的发展历程

任务3　认识汽车保险合同

任务案例

　　王先生在认识到汽车保险的作用后，主动购买了某保险公司的汽车保险，并签订了汽车保险合同，合同约定：王先生购买车险应交 4000 元。王先生把保费交给了 4S 店，4S 店为其代办了包括保险在内的各种手续。这种办理方式是否合适？如果后续王先生有其他想法，他应如何进行车险合同的变更？

课前预习

　　同学们，为了顺利完成本次任务，请在课前扫描右侧二维码，查阅资料，开展预习，熟悉相关应知应会知识点，并完成知识点介绍后的测试。

课前学习资料

知识点 1　汽车保险合同的定义和特征

1. 汽车保险合同的定义

　　汽车保险合同是保险合同中的一种，是以汽车及其有关利益为保险标的，投保人与保险人约定双方权利义务的协议。投保人和保险人双方协商后在合同中约定，投保人向保险人缴纳保险费，保险人在保险标的遭受约定的保险事故时承担经济补偿责任。而合同是保险关系得以产生、变更、终止的根本依据。

2. 汽车保险合同的特征

　　汽车保险合同的特征如表 1.3.1 所示。

表 1.3.1　汽车保险合同的特征

汽车保险合同特征	含义
汽车保险合同是当事人双方的一种法律行为	汽车保险合同是在双方当事人意见一致时成立的，并在社会地位平等的基础上产生的一项经济活动，是双方当事人平等、等价的一项民事法律行为
汽车保险合同是有偿合同	汽车保险合同的生效以投保人缴纳保险费为条件

汽车保险合同特征	含义
汽车保险合同是射幸合同	通俗地讲，射幸合同是一种不等价合同，也就是说，由于汽车保险事故发生的频率及损失发生概率的不确定性，倘若发生了汽车保险事故，对单个被保险人而言，他获得的汽车保险赔款远远大于他所缴纳的保险费，而倘若没有发生汽车保险事故，被保险人虽然缴纳了保险费，但不能得到保险赔款 从汽车保险关系的整体来看，保险费的总和总是与汽车保险赔款趋于一致 汽车保险合同的这种在特定条件下的等价与不等价的特征，我们称为汽车保险合同的射幸性
汽车保险合同是最大诚信合同	汽车保险合同双方当事人须遵循最大诚信原则，因此，汽车保险合同具有诚信性。最大诚信原则是约束当事人双方的，但实际上更多地约束被保险人，因为保险标的处于被保险人的使用和监管之下，保险人无法控制事故风险；如果被保险人申报不实或有明显的欺骗行为，保险人可以依据保险合同的诚信性原则解除合同
汽车保险合同是双务合同	在双务合同中，合同双方当事人互相承担义务、互相享有权利；在汽车保险合同中，投保人承担支付保险费义务，保险人承担约定事故发生后的赔付义务，投保人或被保险人在约定事故发生后有权向保险人索赔，而保险人也有权要求投保人缴纳保险费
汽车保险合同是附和合同	在附和合同中，由一方提出合同的主要内容，另一方只能作出取舍，即要么接受对方提出的条件签订合同，要么拒绝；汽车保险合同是附和合同，合同的主要内容一般没有商量的余地，这是由汽车保险的特点和发展汽车保险业务的实际需要决定的

知识点 2　保险合同中的常见术语

在保险合同中，我们会经常见到一些专业名词术语，如表 1.3.2 所示。

表 1.3.2　保险合同中的常见术语

术语	含义
保险标的	保险保障的目标和实体，是保险合同双方当事人权利和义务指向的对象，保障标的可以是财产或与财产有关的利益或责任，也可以是人的生命或身体

术语			含义
汽车保险合同主体	当事人	保险人	也称为承保人，是经营保险业务、收取保险费和在保险事故发生后负责给付保险金的人。保险人以法人经营为主，通常也可称为保险公司
		投保人	对保险标的具有可保利益，向保险人申请订立保险合同，并负有支付保险费义务的人。投保人可以是自然人或者法人
	关系人	被保险人	财产或身体因发生保险事故而受到损失时，享有要求保险人赔偿或给付保险金权利的人。被保险人是受保险合同保障的人，以其财产、生命或身体为保险标的的保险事故发生后，被保险人享有保险金请求权。被保险人和投保人可以是同一人，也可以不是
		受益人	由被保险人或者投保人确定的享有保险金请求权的人
	辅助人	代理人	根据保险人的委托，在保险人授权的范围内，代为办理保险业务并依法向保险人收取代理手续费的机构或者个人，常分为专业代理人和兼业代理人，例如，案例中的4S店为兼业代理人
		经纪人	基于投保人的利益，为投保人与保险人订立保险合同提供中介服务，并依法收取佣金的机构
		公估人	受当事人委托，站在第三者立场上，依法为保险合同当事人办理保险标的的查勘、鉴定、损失估计及理赔款项清算业务并依约收取报酬的组织。保险公估人的主要任务是在风险事故发生后判断损失的原因及程度，并出具公估报告。公估报告不具备强制力，但它是有关部门处理保险争议的重要依据
汽车保险合同客体	保险利益		汽车保险利益是指投保人对汽车所具有的实际的、法律上承认的利益，如果这种利益丧失将使投保人蒙受经济损失
汽车保险合同的形式	投保单		指投保人申请订立保险合同的书面要约。正式保单签发后，投保单自动失效
	保险单		保险人和投保人之间订立保险合同的正式书面凭证
	暂保单		保险人在签发正式保单之前向投保人提供的临时保险合同
	保险凭证		保险人发给投保人证明保险合同已经生效的一种凭证，例如交强险标志等
	批单		保险人对已签订的保险合同进行修改、补充或增减内容的一种批注
价值	保险价值		投保人与保险人订立保险合同约定的保险标的的以金钱估计的价值总额，是确定保险金额和损失赔偿的基础
	实际价值		投保或事故发生时，车辆的实际价值常用同类型车辆新车购置价减去已经使用期限折旧金额后的价格来表征

续表

术语		含义
价值	保险金额	简称"保额"，是保险利益的货币价值表现，是投保时给保险标的标定的金额，是指一个保险合同项下保险公司承担赔偿或给付保险金的最高限额，即投保人对保险标的的实际投保金额。同时，保险人常以此为基数计算应收取的保费
费用	保险费	指投保人根据保险合同的规定，为取得相应的经济损失补偿权利而支付给保险人的费用
	保险费率	指保险人向投保人收取的每单位保险金额的保险费，是计算保险费的依据，通常用百分率或千分率来表示
	绝对免赔额	指在保单中约定的一个数额，只有保险标的的单次损失超过这个数额时，保险人才负责赔偿，而在这个数额以下的损失由被保险人自行承担。如车损险中有 300 元、500 元、1000 元、2000 元等不同免赔额的保险供投保人选择。一般情况下，绝对免赔额增大时，保费会相应减少
	绝对免赔率	指保险公司不予赔偿的损失部分与全部损失的百分比，即由被保险人自己承担的损失百分比
责任	保险责任	保险人承担的经济损失补偿或人身保险金给付的责任，即保险合同中约定由保险人承担的风险范围，主要指保险人在保险事故发生时所负的经济赔偿责任，包括损害赔偿、责任赔偿、保险金给付、施救费用、救助费用、诉讼费等
	除外责任	指保险合同中列明的保险人不承担经济赔偿责任的风险损失

知识点 3　汽车保险合同的订立、生效和变更

1. 汽车保险合同的订立

汽车保险合同只有在基于保险人和投保人的意见一致时，才能成立生效，所以汽车保险合同采取要约与承诺的形式订立，如表 1.3.3 所示。

表 1.3.3　汽车保险合同订立程序

汽车保险合同订立的环节	含义	补充说明
要约（订约提议）	当事人一方以订立合同为目的向对方提出订立合同的要求或建议的法律行为	有效的要约应具备三个条件：①要约须明确表示订约愿望；②要约须具备合同的主要内容，且内容必须具体确定；③要约在其有效期内对要约人具有约束力，且要约人具有订约能力

汽车保险合同 订立的环节	含义	补充说明
承诺(接受订约提议)	承诺人同意与要约人缔结合同的意思表示。承诺人对于要约人提出的主要条款表示赞同后,合同即宣告成立,双方当事人开始承担履行合同的义务	承诺满足下列条件时有效: ①承诺不能附带任何条件,是对要约的完全接受; ②承诺须由受约人本人或其合法代理人作出; ③承诺须在要约的有效期内作出 注意:保险合同的承诺又称承保,通常由保险人或其代理人作出

2. 汽车保险合同的生效

保险合同生效是指保险合同对保险双方当事人产生法律约束力。汽车保险合同生效的要件和时间如表 1.3.4 所示。

表 1.3.4 汽车保险合同生效的要件和时间

生效的要件	双方主体合格。主体合格是指订立保险合同的双方当事人,即保险人和投保人,都必须具有订立保险合同的资格
	保险合同内容具有合法性。保险合同的合法性是指保险合同的内容不得与我国现行的保险法及其他法律法规相抵触,不得违背社会的公序良俗,不得损害他人的利益
	合同当事人的意思表示一致。当事人的意思表示一致在法律上被称为"合意",即合同的订立基于双方当事人的自愿及协商一致
生效的时间	汽车保险合同生效的时间是保险人开始履行保险责任的时间
	在汽车保险实务中,保险合同的成立时间与其生效时间有同一时间和非同一时间两种可能。投保人提出投保申请,保险人经过核保签章,投保人缴纳保险费,保险期限的约定与缴纳保险费的时间是统一的,对于这样依法成立的汽车保险合同,合同成立与生效的时间相同,属于第一种情况。汽车保险合同的成立与生效为非同一时间的情形,多发生在附生效条件或附生效期间的汽车保险合同中
	我国保险公司普遍推行"零时起保制"

3. 汽车保险合同的变更

保险合同的变更是指在保险合同的有效期内,当事人根据主观、客观情况的变化,依据法律规定的条件和程序,在协商一致的基础上,对保险合同的某些条款进行修改或补充。汽车保险合同变更的主要内容和形式如表 1.3.5 所示。

表 1.3.5   汽车保险合同变更的主要内容和形式

保险合同变更的主要内容	合同主体变更	保险人如有分立或合并，则可以变更保险人
		投保人或被保险人将保险标的转让给第三人的，可以变更投保人或被保险人
	合同客体变更	在保险合同有效期内，投保人和保险人通过协商，可以变更保险标的的保险范围。在汽车保险合同中，保险标的出现数量增减、保险价值改变等情况导致保险利益明显变化时，被保险人应向保险人提出保险合同客体变更申请
	合同内容变更	在合同主体不变的情况下，合同中约定的当事人双方的权利和义务可以发生变更，如扩大或缩小保险责任的范围和条件、延长或缩短保险期限等。这些都会影响保险人所承担的风险大小，都会导致保险费的改变，所以在这些情况下必须变更保险合同内容
保险合同变更的形式	保险合同的变更必须采用书面形式，且只有双方协商一致时，变更才具效力。书面形式既可以是保险人在原保险单或其他保险凭证上的批注或者附贴批单，也可以是投保人和保险人双方就保险合同的变更问题专门签订的书面协议	

知识点 4   汽车保险合同的解除和终止

1. 汽车保险合同的解除

保险合同的解除是指在保险合同生效之后、有效期限届满之前，一方当事人根据法律规定或当事人双方的约定行使解除权，从而提前结束合同效力的法律行为。

在保险实务中，除当事人在合同中的约定外，投保人可以基于以下条件解除合同：

①保险合同中约定的保险事故肯定不会发生；

②保险标的的危险程度明显减少或消失；

③保险标的的价值明显减少。

与投保人相比，法律对保险人行使合同解除权的限制相对多一些，并对保险人解除保险合同应具备的法定条件做出了规定。除了合同另有约定外，保险人可以在以下情况下行使合同解除权：

①投保人违反如实告知义务；

②保险标的危险程度增加；

③投保人、被保险人未按照合同约定履行其对保险标的的安全应尽的责任；

④被保险人或受益人在未发生保险事故的情况下，谎称发生了保险事故，向保险人提出赔偿或给付保险金请求；

⑤投保人、被保险人或受益人故意制造保险事故。

2. 汽车保险合同的终止

保险合同的终止，即保险合同权利义务关系的绝对消灭。引起保险合同终止的原因有以下几个。

①因期满而终止：保险合同因期限届满而终止。这是最普遍、最基本的情况。如果合同的有效期已满，则保险人的保险责任随之宣告终止。

②因义务履行而终止：若保险期内发生保险事故，保险人依合同规定履行了赔付保险金的责任，保险合同即宣告终止。保险汽车若因一次事故而全部损毁或被推定全损，在保险人赔足保险金额后，合同终止。

③因解除而终止：指在保险合同有效期届满前，合同一方当事人依照法律或约定解除原有的法律关系，提前终止保险合同效力的法律行为。保险合同的解除可以分为约定解除、协商解除、法定解除和裁决解除。

④因保险标的全部灭失而终止：指非保险事故的发生造成保险标的灭失，保险标的实际已不存在，保险合同自然终止。

▶▶▶ 课中实践

一　知识测评（判断题，正确的画"√"，错误的画"×"；选择题为单选题）

题号	题干	答案	知识链接
1	汽车保险合同必须基于自愿订立原则		知识点1
2	汽车保险合同是保险双方当事人履行各自权利与义务的依据		知识点1
3	在汽车保险合同中，下列属于保险人义务的是（　　） A. 承担保险责任　　　　　B. 定期检查机动车 C. 条款说明　　　　　　　D. 及时签发保险单证		知识点2
4	投保单是保险人申请订立保险合同的书面要约，是投保人履行如实告知义务的书面材料，也是保险人承保所需的重要文件		知识点2
5	保险期限一方面是计算保险费的依据之一，另一方面也是保险人和被保险人双方履行权利和义务的责任期限		知识点2
6	在汽车保险合同中，投保人不能作为被保险人		知识点2
7	保险人应投保人或被保险人的要求出具的修订或更改保险单内容的证明文件叫作（　　） A. 暂保单　　　B. 保险单　　　C. 批单　　　D. 保险证		知识点2
8	保险合同的当事人包括保险人和（　　） A. 被保险人　　B. 受益人　　　C. 受害人　　　D. 投保人		知识点2
9	保险人与投保人订立保险合同的正式凭证是（　　） A. 保险凭证　　B. 投保单　　　C. 保险单　　　D. 保险批单		知识点2

续表

题号	题干	答案	知识链接
10	投保人提出保险要求，保险人同意承保，双方就合同条款达成一致，保险合同即（　　） A. 生效　　　　B. 成立　　　　C. 有效　　　　D. 要约成功		知识点 3
11	投保人故意不履行如实告知义务的，若在保险人解约之前，保险事故发生并造成保险标的损失，保险人可不承担赔偿责任，但是要退还保险费		知识点 3
12	保险合同的订立要经过要约和承诺两个步骤		知识点 3
13	保险合同的订立是指被保险人与保险人基于意思一致而进行的法律行为		知识点 3
14	在机动车商业保险合同中，除保险合同另有约定外，投保人应在保险合同成立时一次交清保险费。保险费未交清前，保险合同不生效		知识点 3
15	在合同有效期内，保险标的的危险程度显著增加的，被保险人应当按照合同约定及时通知保险人，保险人可以按照合同约定增加保险费或者解除合同		知识点 4
16	在未发生保险事故时，被保险人或者受益人谎称发生了保险事故并向保险人提出赔偿或者给付保险金请求的，保险人有权解除合同，且不退还保险费		知识点 4
17	投保人或被保险人故意制造保险事故的，保险人有权解除合同，并不承担赔偿或者给付保险金的责任		知识点 4

二 工作任务

1. 任务分组

班级		组号		指导老师	
组长		承担任务			
组员及分工					
姓名	承担任务		姓名		承担任务

2. 任务实践

目标要求	1. 认识汽车保险合同 2. 会进行汽车保险的变更
时间要求	30 分钟
方法说明	可以采取小组讨论、查询资料的方法来完成

实践具体内容		
序号	活动内容	活动记录
1	解释汽车保险合同中常见的术语	保险合同的主体包括当事人、关系人和辅助人。在任务案例中，保险人是_____，投保人是_____
		保险活动的辅助人分为代理人、经纪人和公估人，在购买保险的过程中，我们通常在代理人的帮助下完成投保。在任务案例中，代理人是_____
		绝对免赔额：
		绝对免赔率：
2	认识汽车保险合同的形式	投保单是书面要约，在_____时使用
		保险单是正式合同，在_____时使用
		暂保单是临时合同，在_____时使用
		保险凭证是一种凭证，在_____时使用
		批单是一种批注，在_____时使用
		在任务案例中，保险费为_____
3	汽车保险合同的变更	若案例中的王先生为了获得更多的折扣，而在签订合同时勾选了"指定驾驶员"选项，后来他了解到这一选择可能会使自己在理赔的时候受到限制，故联系保险公司申请修改车险合同
		王先生的变更属于_____的变更
		保险合同的变更需采用_____形式，在车险实务中，保险人签发_____后，合同变更生效
4	解决汽车保险合同争议	(多选题)在保险合同履约过程中，若双方出现争议或纠纷，该怎么解决？ A. 协商　B. 仲裁　C. 诉讼　D. 第三方裁定

续表

4	解决汽车保险合同争议	(多选题)根据《中华人民共和国民事诉讼法》第二十五条，因保险合同纠纷产生的诉讼由（　　）人民法院管辖 A. 合同签订地　B. 合同履行地　C. 被告住所地　保险标的物所在地

3. 实施总结

组内的分工情况	
知识点的运用情况	
存在的问题	
改进的措施	

三　学习目标达成情况

序号	学习内容(知识、技能、行为习惯、职业素养)	目标达成情况			
		了解知道	理解掌握	指导下完成	独立完成
1	描述汽车保险合同的特征				
2	说出汽车保险合同的主客体				
3	描述保险合同的订立、生效、变更、解除程序和终止原因				
4	为客户解释投保单、保险单的内容和相关规定				

课后延伸

一　理论测试

二　任务实施巩固

	思维拓展
问题1	请勾选出汽车保险经营活动中当事人应该遵循的原则，并举例说明。 □遵守法律和行政法规的原则 □自愿原则 □境内投保原则 □专业经营原则 □公平竞争原则 □以盈利为目标的原则
问题2	在汽车保险合同中，保险人为什么要拟定格式条款？
问题3	为什么汽车保险合同对于合同双方当事人的诚信要求很高？

任务4　掌握汽车保险原则

任务案例

2022年2月，王先生为自有的轿车向保险公司投保了家庭自用汽车保险，投保险种为车辆损失保险、第三者责任险等。在保险有效期内，王先生一直使用该车长期从事有偿接送学生的业务。2022年11月，王先生在载送学生的途中与一辆出租车相撞，交通管理部门认定王先生负全部责任。事后，王先生向保险公司索赔。保险公司是否应赔偿？为什么？

课前预习

同学们，为了顺利完成本次任务，请在课前扫描右侧二维码，查阅资料，开展预习，熟悉相关应知应会知识点，并完成知识点介绍后的测试。

课前学习资料

知识点 1　最大诚信原则

1. 最大诚信原则的含义

保险的基本原则是人们在保险活动中必须遵循的根本准则，是制定、解释、执行和研究保险的出发点和根据。保险的基本原则主要有最大诚信原则、保险利益原则、近因原则、损失补偿原则，以及损失补偿原则派生出来的代位原则和分摊原则。

《中华人民共和国保险法》（以下简称《保险法》）第五条规定："保险活动当事人行使权利、履行义务应当遵循诚实信用原则。"所谓最大诚信原则，就是指保险合同当事人双方在签订和履行保险合同时，必须以最大的诚意，履行自己应尽的义务，互不欺骗和隐瞒，恪守合同的承诺和义务，否则保险合同无效。

最大诚信原则在一定程度上限制了投保人，因为保险标的掌握在投保人手中，保险人是否承保以及保险费率的高低取决于投保人的诚信度。

最大诚信原则也适用于保险人，因为保险合同的形式、内容一般都由保险人拟定，保险费率是否合理、承保条件及赔偿方式是否合理等均取决于保险人的诚意。

2. 最大诚信原则的主要内容

最大诚信原则的主要内容包括告知、保证、弃权与禁止反言。

（1）告知

告知又称如实告知，保险人和投保人都有如实告知的义务。

①保险人告知。保险人具有如实告知的义务。保险人告知形式如表1.4.1所示。

表1.4.1 保险人告知形式

保险人告知形式	含义
明确列示	指保险人只需在保险合同中列明保险的主要内容，即可视为已告知投保人
明确说明	指保险人不仅应在保险合同中列明保险的主要内容，还必须向投保人作出明确的提示和正确的解释

注：我国要求保险人在采用明确列示形式的基础上履行明确说明的告知义务，即保险人需要对保险条款、责任免除等部分加以解释。

②投保人告知。投保人应如实告知保险人有关保险标的的相关事项和驾驶员情况，如汽车价值、品质、风险状况等事项。这种告知与保险合同的签订及履行紧密相关。《中华人民共和国保险法》第十六条规定："投保人故意或者因重大过失未履行前款规定的如实告知义务，足以影响保险人决定是否同意承保或者提高保险费率的，保险人有权解除保险合同。"投保人告知形式如表1.4.2所示。

表1.4.2 投保人告知形式

投保人告知形式	含义
无限告知	指法律对告知的内容没有具体的规定，而是要求投保人或被保险人自行将保险标的的风险状况及其他有关重要事实如实告知保险人
询问回答告知	指投保人或被保险人对保险人询问的问题必须如实回答，而对询问以外的问题，投保人可视其为非重要事实，无须告知

注：我国采用询问回答告知的形式。

投保人或被保险人违反告知义务的表现主要有四种，如表1.4.3所示。

表1.4.3 投保人或被保险人违反告知的表现

违反告知的表现	含义
漏报	投保方由于疏忽某些事项而未予以申报，或者误认为重要事实不重要在申报中遗漏该事实
误告	投保人因过失而使申报信息不实
隐瞒	投保人因有意隐瞒而不申报重要事实

违反告知的表现	含义
欺诈	投保人有意捏造事实，弄虚作假，故意不正确申报重要事实并意图欺诈

注：法律对违反告知的处分原则是区别对待。

①区别有意或无意，对有意的处分比无意的重。

②区分违反的事项是否属于重要事实，对违背重要事实的处分比违背非重要事实的重。

例如，《中华人民共和国保险法》第十六条规定："投保人故意不履行如实告知义务的，保险人对于合同解除前发生的保险事故，不承担赔偿或者给付保险金的责任，并不退还保险费。投保人因重大过失未履行如实告知义务，对保险事故的发生有严重影响的，保险人对于合同解除前发生的保险事故，不承担赔偿或者给付保险金的责任，但应退还保险费。"

（2）保证

保证是指投保人或被保险人根据保险合同的规定，在保险期间内对某一投保事项的作为或不作为，或某种事态的存在或不存在向保险人做出的承诺。对于保证条款，投保人或被保险人应严格遵守，一旦违反，无论是否给保险人造成损害，保险人均有权解除合同，并不承担赔偿或给付保险金的责任。保证的类型如表1.4.4所示。

表 1.4.4　保证的类型

依据	类型	含义
根据形式	明示保证	指以文字或书面的形式载明于保险合同中
	默示保证	一般指国际惯例和通行的准则，通常不载明于保险合同中
根据保证事项是否已存在	确认保证	对过去或投保当时的事实做出的如实陈述，而不对该事实以后的发展情况做出保证
	承诺保证	指投保人对将来某一事项的作为或不作为的保证，即对该事项今后的发展做出保证

注：①默示保证与明示保证具有同等的法律效力，被保险人都必须严格遵守。

②在保险活动中，无论明示保证还是默示保证，保证的事项均属重要事实，因而被保险人一旦违反保证的事项，保险合同即告失效，保险人有权拒绝赔偿损失，且一般不退还保险费。

保证与告知的区别：告知强调的是诚实，对有关保险标的的重要事实如实告知；而保证则强调守信、恪守诺言、言行一致。所以，保证对投保人或被保险人的要求比告知更为严格。此外，告知的目的在于使保险人能够正确估计其所承担的风险，而保证的目的则在于控制风险。

（3）弃权与禁止反言

弃权是指保险合同一方当事人放弃其在保险合同中的某项权利。

禁止反言又称禁止抗辩，是指合同的一方既然已经放弃其在合同中可以主张的某项权利，则不得再向他方主张这种权利。

在保险实务中，弃权和禁止反言一般针对保险人的权利而言，是对保险人的限制。两者的法律意义虽然不同，但是产生的效果一致，都要求保险人为其行为负责，有利于平衡保险人与投保人或被保险人的权利义务关系。

小测试：

(1)(单选题)保险的四大基本原则不包括( )。

A. 最大诚信原则　　B. 保险利益原则　　C. 公平原则　　　　D. 损失补偿原则

(2)(多选题)最大诚信原则的基本内容包括( )。

A. 告知　　　　　　B. 保证　　　　　　C. 弃权与禁止反言　D. 核实

知识点 2　保险利益原则

1. 保险利益原则的含义

保险利益原则是指在签订保险合同时或履行保险合同过程中，投保人或被保险人对保险标的必须具有保险利益。

保险利益是指投保人或被保险人对保险标的具有的法律上承认的经济利益。

投保人或被保险人对保险标的不具有保险利益的，保险合同无效。

保险利益体现的是人与标的之间的利益关系，这种关系体现为：保险标的的损失必然使投保人或被保险人的利益受到损害。

2. 保险利益的构成条件

投保人或被保险人对保险标的拥有的利益并非都可成为保险利益，保险利益的构成必须具备下列条件。

①保险利益必须是合法利益。保险利益必须符合法律规定，符合社会公共秩序，即得到法律认可和保护的利益才能成为保险利益。如果投保人以非法律认可的利益投保，则保险合同无效。如投保人为购买的赃车或盗窃的汽车投保，则该保险合同无效。

②保险利益必须是经济利益。保险利益必须是可以用货币、金钱计算或估价的利益，保险不能补偿被保险人遭受的非经济损失，例如精神创伤、刑事处罚、政治打击等，这些虽与当事人有利害关系，但这种利害关系不是经济上的，不能构成保险利益。

③保险利益必须是确定的利益。投保人或被保险人与保险标的之间的利害关系，必须是已经确定或者可以确定的。这一条件包括两层含义：一是该利益能够用货币估价，如属于无价之宝而不能确定价格，则保险人难以承保；二是该利益不是当事人主观认为的，而是事实的或客观的利益，这种事实利益包括已经确定的现有利益和可以确定的期待利益。

3. 保险利益的作用

依照保险利益原则，如果投保人为不具有保险利益的标的投保，保险人可单方面宣布合同无效。即使投保人对保险标的具有保险利益，当保险标的发生保险责任事故时，被保险人从保险人处获得的赔偿也不得超过保险利益限度，即不能获得额外利益。综上，保险利益原则的作用主要表现为：①区别保险与赌博；②预防道德风险；③有效地限制保险补偿的程度；④便于衡量损失，避免保险纠纷。

4. 保险利益的形式

财产利益包括车辆的所有权利益、占有权利益、抵押权利益等。

收益利益包括对汽车运营收入利益、租金收入利益等。

责任利益包括车辆的民事赔偿责任利益等。

费用利益包括施救费用利益、救助费用利益等。

5. 保险利益的转移

汽车保险利益的转移，是指在保险合同的有效期内，投保人将汽车的保险利益转让，而保险合同仍然有效。在汽车转让后，原所有权人对保险标的车辆不再具有保险利益，新的所有权人完成变更手续后，法律承认保险合同中该保险利益的转移，保险合同继续生效，新的所有权人并不需要重新投保。

6. 保险利益的消灭

保险利益的消灭是指投保人或被保险人失去保险利益，保险标的车辆的灭失是保险利益消灭的主要形式。如果保险标的因非保险事故灭失，则保险利益归于消灭，保险合同也随之消灭。

小测试：

（单选题）在汽车保险中，若（   ）时，被保险人对保险标的不具有保险利益，则不得向保险公司请求赔偿。

A. 投保

C. 签订保险合同

B. 保险事故发生

D. 申请索赔

🚗 知识点 3 近因原则

1. 近因原则的含义

在保险活动中，近因原则是认定保险责任的一个重要原则，对判定事故损失是否属于保险赔偿范围具有重要意义。近因是指造成保险标的损失的最直接、最有效、起主导作用或支配作用的原因，而不是指在时间上或空间上与损失最接近的原因。

近因原则的含义：造成保险标的损失的近因属于保险责任范围的，保险人承担损失赔偿责任；造成保险标的损失的近因不属于保险责任范围的，保险人不承担损失赔偿责任。

2. 近因原则的运用

（1）单一原因造成的损失

造成损失的原因只有一个，这个原因就是近因，如果该近因属于承保危险，则保险人承担赔偿责任；如果该近因属于未保危险或除外责任，则保险人不承担赔偿责任。

（2）多种原因同时致损

如果造成保险标的损失的原因不止一个，则应该具体分析。

①若这些近因都属于保险责任范围，则保险人应负赔偿责任。

②若多种近因均不属于保险责任范围，则保险人不负责赔偿。

③若多种近因中既有保险责任，也有除外责任，则保险人对于属于保险责任范围内的近因造成的损失进行赔偿，保险责任范围外的不负责赔偿。如果损失原因难以划分，则保险人不予赔偿或按比例赔偿。

例如，保险标的车辆低速行驶时撞伤一行人，将伤者送医院治疗一天后，伤者死亡。若该伤者是慢性病患者，用近因原则分析该事故：单纯的交通事故或慢性病都不会导致该行人死亡，但在二者的共同作用下行人死亡。因此，交通事故与慢性病均被视为行人死亡的近因。保险人在进行赔偿时，应确定两种因素对死亡结果起作用的比例。

（3）多种原因连续致损

多种原因连续发生，即各原因依次发生，持续不断，且前后原因之间具有因果关系，那么最先发生并造成一连串事故的原因为近因。如果该近因为保险责任，则保险人应负责赔偿损失。多种原因连续发生，但前后原因之间无因果关系，只是时间上有先后，则后因是事故近因。

例如，保险车辆在暴雨中行驶时因气缸进水而熄火，强行启动后导致发动机受损。用近因原则分析该事故：暴雨为前因，强行启动是后因，前因与后因之间没有必然联系。因此，该起事故的近因是强行启动发动机。各保险公司的机动车辆保险条款中都有规定，暴雨造成的车辆损失属于保险责任；暴雨导致车辆熄火，强行启动发动机导致损失扩大的部分，不属于保险责任。

（4）多种原因间断致损

当发生并导致损失的原因有多个，且在一连串发生的原因中有间断情形，即有新的独立原因介入，使原有的因果关系断裂，并导致损失，则新介入的独立原因为近因。如果该近因属于承保危险，保险人承担赔偿责任；反之，保险人不承担赔偿责任。

小测试：

（单选题）近因原则是判断风险事故与保险标的损失之间的因果关系和确定保险赔偿责任的一项基本原则，近因是指导致损失的（　　　）。

A. 时间上最近的原因　　　　　　　B. 第一个原因

C. 最后一个原因　　　　　　　　　D. 最直接、最有效的原因

🚗知识点 4　损失补偿原则

损失补偿原则，是指保险标的发生合同约定责任范围内的损失时，保险人按照合同约

定，以货币、实物赔偿、修复原标的形式赔偿被保险人所受的损失。无论哪种形式的赔偿，都只能使被保险人在经济上恢复到受损前的状态，而不允许被保险人获得额外的利益。

1. 保险人履行损失赔偿责任的三个限度

保险人履行损失赔偿责任时，应把握三个限度，以保证被保险人既能挽回失去的经济利益，又不会由于保险赔款获得额外利益。

①以实际损失为限。实际损失是根据保险标的损失时的市价来确定的，保险赔偿以被保险人所遭受的实际损失为限。例如，某汽车投保了车辆损失保险，保险金额为 20 万元。但出险时，该车市价已降到 15 万元。如果该车发生全损，则保险公司只能赔偿 15 万元，而不能赔偿 20 万元。

②以保险金额为限。保险金额是保险人承担赔偿或给付保险金责任的最高限额，保险人的赔偿金额不得高于保险金额。如果保险车辆的实际价值为 25 万元，而被保险人在投保时确定的保险金额为 20 万元，则当该汽车发生全损时，保险人只能赔偿 20 万元。

③以保险利益为限。被保险人对遭受损失的财产具有保险利益，这是被保险人索赔的基础。以保险利益为限是指被保险人获得的赔款不得超过其对损失财产所具有的保险利益。例如，在抵押贷款中，抵押权人对抵押汽车具有保险利益。如果借款人所借的款项为 15 万元，而他用作抵押的汽车的价值为 20 万元。当抵押汽车出险时，即使抵押权人按 20 万元投保车辆损失险，保险人最多也只能赔偿 15 万元。

2. 保险人履行损失赔偿责任的方式

机动车保险的损失补偿有现金给付、重置和修理三种方式，如表 1.4.5 所示。

表 1.4.5 保险人履行损失赔偿责任的方式

保险人履行损失赔偿责任的方式	含义	举例说明
现金给付	财产保险中最常见的损害补偿方式之一	第三者责任险的赔偿
重置	指保险人重新购置与保险标的相同或相似的物品，作为损害的补偿	玻璃破碎险的赔偿
修理	指当保险标的受损时，保险人采用修理的方法，将保险标的的性能恢复到未受损时的状况	车辆损失险的赔偿

3. 损失补偿原则的派生原则——代位原则

保险中的代位是指保险人取代被保险人获得求偿权和对标的的所有权。代位原则是指保险人依照法律或保险合同的约定，对被保险人遭受的损失进行赔偿后，依法取得向对损失负有责任的第三者进行追偿的权利或取得被保险人对保险标的的所有权。

代位原则只在财产保险中适用，不适用于人身保险。

代位原则的主要内容包括权利代位和物上代位，如表1.4.6所示。

表1.4.6　代位原则的主要内容

权利代位（代位求偿）	含义	在财产保险中，对于由于第三者的过错而致使保险标的发生保险责任范围内的损失，保险人按照保险合同的约定给付保险金后，有权将自己置于被保险人的地位，获得被保险人有关该项损失的一切权利和补偿
	条件	损害事故发生的原因及受损的标的，都属于保险责任范围
		保险事故的发生是由第三者造成的，依法应由第三者承担民事损害赔偿责任
		保险人按合同的约定对被保险人履行赔偿义务之后，才能取得代位追偿权
物上代位	含义	保险标的发生保险责任事故遭受损失，保险人在履行了对被保险人的赔偿义务后，代位取得对受损标的的所有权
	本质	物上代位实际上是一种物权的转移，转移后，受损标的的全部权利归保险人所有，若保险人在处理标的物时得到的利益超过赔偿的金额，此利益归保险人所有

4. 损失补偿原则的派生原则——重复保险的分摊原则

重复保险是指投保人为同一保险标的、同一保险利益、同一保险事故分别同两个或以上保险人订立保险合同，且保险金额的总和超过保险价值的保险。在重复保险合同条件下，为避免被保险人在数个保险人处重复获得超过损失额的赔偿，确保保险补偿原则的实现，维护保险人与被保险人、保险人与保险人之间的公平原则，重复保险的分摊原则应运而生。

重复保险分摊原则是指在重复保险的情况下，当保险事故发生时，各保险人应采取适当的分摊方法分配赔偿责任，使被保险人既能得到充分的补偿，又不会获得超过其实际损失的额外的利益。

重复保险的分摊赔偿方式主要包括比例责任分摊、限额责任分摊和顺序责任分摊三种方式，如表1.4.7所示。

表1.4.7　重复保险的分摊赔偿方式

比例责任分摊	定义	各保险人按其承保的保险金额占保险金额总和的比例分摊保险事故造成的损失，支付赔款。我国采用这种方式
	计算公式	各保险人承担的赔款＝损失金额×$\dfrac{该保险人承保的保险金额}{各保险人承保的保险金额的总和}$
	应用举例	某车的保险金额总和是140万元，投保人和甲、乙两保险公司订立合同约定的保险金额分别是80万元和60万元。如果保险事故造成的实际损失是80万元，那么甲保险公司应该赔偿80×$\dfrac{80}{140}$≈45.71（万元），乙保险公司应该赔偿80×$\dfrac{60}{140}$≈34.29（万元）

续表

限额责任分摊	定义	各保险公司在假设无他保的情况下，按照单独应负的赔偿责任的限额占保险公司赔偿责任限额之和的比例分摊损失金额
	计算公式	各保险人承担的赔款＝损失金额$\times\dfrac{\text{该保险人的赔偿限额}}{\text{各保险人赔偿限额的总和}}$
	应用举例	甲、乙两家保险公司承保同一财产，甲公司承保 4 万元，乙公司承保 6 万元，实际损失为 5 万元。则甲公司在无乙公司的情况下应赔付 4 万元，乙公司在无甲公司的情况下应赔付 5 万元。在重复保险的情况下，如根据责任限额来分摊，则甲公司应赔付 $5\times\dfrac{4}{9}\approx2.22$（万元），乙公司应赔付 $5\times\dfrac{5}{9}\approx2.78$（万元）
顺序责任分摊	定义	各保险人所负责任按签订保单的顺序而定，由其中先签订保单的保险人首先负责赔偿，当赔偿不足时，再由其他保险人依次承担不足的部分
	应用举例	投保人先后同甲、乙两保险公司订立合同，约定保险金额分别为 80 万元和 60 万元，若保险事故造成的实际损失为 90 万元，那么甲公司先赔偿 80 万元，赔偿金额不足的部分（10 万元）由乙公司负责赔偿

▶▶ 课中实践

一　知识测评（判断题，正确的画"√"，错误的画"×"）

题号	题干	答案	知识链接
1	最大诚信原则的内容包括如实告知、询问、弃权与禁止反言		知识点 1
2	在保险活动中，弃权与禁止反言主要是用以约束被保险人的		知识点 1
3	保险合同一方既然已经放弃其在合同中的某种权利，就不得再向他方主张这种权利，这一规则称为禁止反言		知识点 1
4	保险人应主动说明合同条款内容		知识点 1
5	告知与保证主要是针对保险人的规定		知识点 1
6	根据保证事项是否已存在，保证可分为明示保证和承诺保证		知识点 1
7	投保人或被保险人对保险标的所拥有的任何利益都可成为保险利益		知识点 2
8	保险利益必须是符合法律规定的利益		知识点 2
9	坚持保险利益原则可以避免赌博行为的发生		知识点 2
10	保险利益必须是事实的或客观的利益，这种事实利益包括现有利益和期待利益		知识点 2
11	近因是指时间或空间上离损失最近的原因		知识点 3
12	损失补偿原则不适用于机动车损失保险		知识点 4

题号	题干	答案	知识链接
13	损失补偿原则是指保险合同生效后，当保险标的发生保险责任范围内的损失时，被保险人能够通过保险赔偿取回保费		知识点 4
14	原则上重复保险是不被允许的		知识点 4

二　工作任务

1. 任务分组

班级		组号		指导老师	
组长		承担任务			
组员及分工					
姓名	承担任务		姓名		承担任务

2. 任务实践

目标要求	1. 理解保险的四个基本原则 2. 会根据保险原则分析解决实际问题
时间要求	40 分钟
方法说明	可以采取小组讨论、查询资料的方法来完成
实践具体内容	

序号	活动内容	活动记录
1	任务案例分析	保险公司是否应该赔偿？　□应该　□不应该
		依据是什么？
		请比较最大诚信原则中的"保证"和"如实告知"的异同
		最大诚信原则只对投保人有约束力，这种理解正确吗？ □正确　□错误

续表

1	任务案例分析	说出你身边的或你知道的违反最大诚信原则的案例（尤其是发生在汽车保险活动中的），并讨论这种行为对投保人和保险人的影响
2	任务案例强化	如果王先生长期将车借给朋友李某使用，车主是王先生，李某为实际使用者，那么： 李某是否可以为被保险人购买车险？ □可以　　□不可以
		李某对借用的车辆是否具有保险利益？ □具有　　□不具有
		如果王先生的车在暴雨中行驶时，因汽缸进水而熄火，强行启动后发动机受损。请用近因原则分析发动机受损的近因
		强行启动车辆导致发动机受损，是否属于保险责任？ □是　　□不是
		暴雨导致发动机受损，是否属于保险责任？ □是　　□不是

3. 实施总结

组内的分工情况	
知识点的运用情况	
存在的问题	
改进的措施	

三　学习目标达成情况

序号	学习内容（知识、技能、行为习惯、职业素养）	目标达成情况			
		了解知道	理解掌握	指导下完成	独立完成
1	最大诚信原则的含义和内容				
2	保险利益原则的构成条件				
3	损失补偿原则的含义和保险人履行损失赔偿责任的限度				

续表

序号	学习内容(知识、技能、行为习惯、职业素养)	目标达成情况			
		了解 知道	理解 掌握	指导下 完成	独立 完成
4	掌握近因原则在保险实务中的应用				
5	能够全面理解汽车保险的四大原则,能向客户作出解释和说明				

▶▶ 课后延伸

一 理论测试

二 任务实施巩固

思维拓展	
问题 1	保险的损失补偿原则在确保保险人履行赔偿义务的同时,也防止被保险人以非法手段进行套利。在汽车保险及理赔过程中,我们应怎样看待保险公司的成本和盈利之间的辩证关系?
问题 2	某投保人为价值 100 万元的财产按甲、乙、丙的顺序向这三家保险公司投保了同一险种,其中甲保单的保额为 80 万,乙保单的保额为 40 万元,丙保单的保额为 40 万元,保险事故造成的损失额为 50 万元,则甲、乙、丙保险公司的赔偿额分别应为多少万元? **按比例责任分摊方式赔偿:** **按限额责任分摊方式赔偿:** **按顺序责任分摊方式赔偿:**

项目二

汽车保险种类

项目描述

　　无论是新司机还是老司机，在购车后总免不了做同一件事，那就是购买汽车保险。汽车保险多种多样，一般需要买哪种呢？除了必须购买的强制保险外，还有哪些保险值得购买呢？通过对本项目的学习，我们将了解我国汽车保险的种类、条款及相关定义，能够解读机动车交通事故责任强制保险、机动车损失保险、机动车第三者责任险、机动车车上人员责任保险、机动车车辆附加险五类汽车保险的条款，培养良好的职业素养、职业道德和遵纪守法的意识。

学习目标

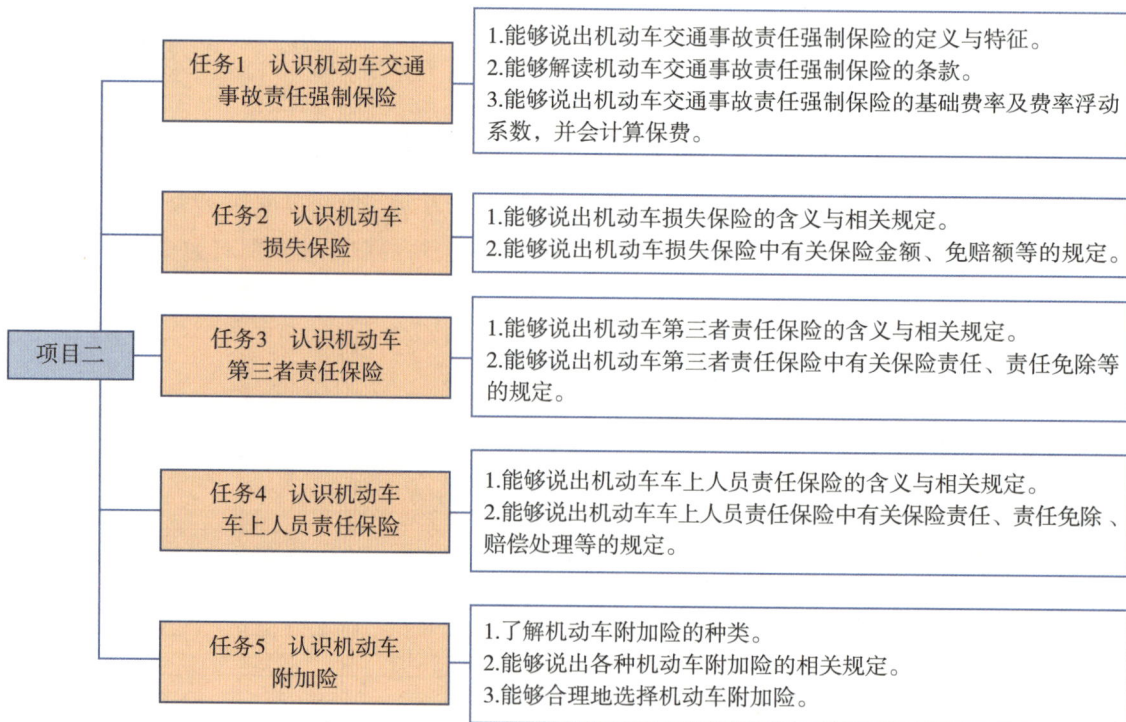

项目二		
	任务1　认识机动车交通事故责任强制保险	1.能够说出机动车交通事故责任强制保险的定义与特征。 2.能够解读机动车交通事故责任强制保险的条款。 3.能够说出机动车交通事故责任强制保险的基础费率及费率浮动系数，并会计算保费。
	任务2　认识机动车损失保险	1.能够说出机动车损失保险的含义与相关规定。 2.能够说出机动车损失保险中有关保险金额、免赔额等的规定。
	任务3　认识机动车第三者责任保险	1.能够说出机动车第三者责任保险的含义与相关规定。 2.能够说出机动车第三者责任保险中有关保险责任、责任免除等的规定。
	任务4　认识机动车车上人员责任保险	1.能够说出机动车车上人员责任保险的含义与相关规定。 2.能够说出机动车车上人员责任保险中有关保险责任、责任免除、赔偿处理等的规定。
	任务5　认识机动车附加险	1.了解机动车附加险的种类。 2.能够说出各种机动车附加险的相关规定。 3.能够合理地选择机动车附加险。

机动车保险分为机动车交通事故责任强制保险和机动车商业险。机动车商业险分为主险和附加险。

机动车交通事故责任强制保险，简称交强险。在中华人民共和国境内道路上行驶的机动车的所有人或者管理人，应当依照《中华人民共和国道路交通安全法》的规定投保机动车交通事故责任强制保险。

机动车商业险的主险可以单独购买，主要包括三个独立的险种：机动车损失保险、机动车第三者责任保险、机动车车上人员责任保险。投保人可以选择投保全部险种，也可以选择投保其中的部分险种。保险人根据保险合同约定，对投保人投保的险种承担保险责任。

附加险是指不能单独投保，必须附加在相应主险下才能享受相应保障利益的险种。

2020 年 9 月，在中国银保监会的指导下，中国保险行业协会发布了《中国保险行业协会机动车商业保险示范条款（2020 版）》。2020 版的商业车险条款在 2014 版的基础上进行了修订和完善。2020 版和 2014 版中，机动车商业保险的险种对照如表 2.0.1 所示。

表 2.0.1　2020 版与 2014 版机动车商业保险险种对照表

分类	2020 版险种	2014 版险种	备注
主险	机动车损失保险	机动车损失保险	
	机动车第三者责任保险	机动车第三者责任保险	
	机动车车上人员责任保险	机动车车上人员责任保险	
		机动车全车盗抢保险	
附加险		玻璃单独破碎险	2020 版并入车损险
		自燃损失险	
		发动机涉水损失险	
		不计免赔率险	
		机动车损失保险无法找到第三方特约险	
		指定修理厂险	
	新增加设备损失险	新增加设备损失险	
	车身划痕损失险	车身划痕损失险	
	车上货物责任险	车上货物责任险	
	修理期间费用补偿险	修理期间费用补偿险	
	精神损害抚慰金责任险	精神损害抚慰金责任险	
	法定节假日限额翻倍险		新增
	绝对免赔率特约条款（减费条款）		新增，减费条款
	发动机进水损坏除外特约条款（减费条款）		新增，减费条款
	车轮单独损失险		新增，加费条款
	医保外医疗费用责任险		新增，加费条款
	机动车增值服务特约条款		新增，加费条款

任务 1 认识机动车交通事故责任强制保险

任务案例

余先生购买了一辆汽车，在为汽车购置保险时，他被提醒必须购买机动车交通事故责任强制保险。那么，什么是机动车交通事故责任强制保险？机动车交通事故责任强制保险的条款有哪些？保险费如何计算？

课前预习

同学们，为了顺利完成本次任务，请在课前扫描右侧二维码，查阅资料，开展预习，熟悉相关应知应会知识点，并完成知识点介绍后的测试。

课前学习资料

知识点 1 机动车交通事故责任强制保险的定义和作用

1. 机动车交通事故责任强制保险的定义

机动车交通事故责任强制保险（简称交强险），是由保险公司对被保险机动车发生道路交通事故造成的受害人（不包括本车人员和被保险人）的人身伤亡、财产损失，在责任限额内予以赔偿的强制性责任保险。常见的交强险标志如图 2.1.1 所示。赔偿项目通常包括受害者的死亡伤残费用、医疗费用和财产损失。

图 2.1.1 交强险标志

2.机动车交通事故责任强制保险的作用

交强险能在一定程度上降低发生保险事故后车主的经济赔偿压力，也能让受害人尽快得到经济上的支持，获得救济和补偿。

交强险是社会公益性很强的险种，车主投保之后，一旦发生交通事故，保险公司有义务及时向受害的第三方提供赔偿，这在保障公民合法权益、维护社会稳定方面有很重要的现实意义。

知识点 2　机动车交通事故责任强制保险的特征

交强险是我国法律规定的强制性保险，是保障车主和社会公共利益的重要保险产品。总体而言，我国交强险的特点主要体现在以下五个方面。

①强制性：体现为强制性投保和强制性承保。所有在道路上行驶的机动车所有人或管理人必须依法投保交强险，具有经营交强险资格的保险公司不能拒绝承保、不得拖延承保、不得随意解除合同。

②广泛性：交强险的保障范围很大，除被保险人故意造成交通事故等情况外，保险责任几乎涵盖所有道路交通风险，且不设免赔率和免赔额。

③公益性：交强险不以营利为目的，实行"不盈利不亏损"原则，且与其他保险业务分开管理，单独核算。

④赔偿原则：交强险实行分项责任限额，责任限额包括死亡伤残赔偿限额、医疗费用赔偿限额、财产损失赔偿限额以及被保险人在道路交通事故中无责任的赔偿限额，并实行"限额内完全赔偿"原则。

⑤条款与费率：交强险实行全国统一的条款和基础费率，此外，我国还建立了交强险费率同交通违章挂钩的"奖优罚劣"的费率浮动机制。

知识点 3　机动车交通事故责任强制保险与商业险的区别

1.强制程度的不同

交强险为国家规定的强制性保险，根据《机动车交通事故责任强制保险条例》的规定，机动车的所有人或管理人必须投保交强险，也就是说，车主只要购车，就须每年为车辆投保交强险。同时，保险公司不能拒绝承保，不得拖延承保，不得随意解除合同。而商业险不具有强制性，投保人与保险公司在自愿、平等的条件下订立保险合同。在实际操作中，车主也可以只投保交强险，当然，这样做时，保险的保障范围和保障程度都比较有限，车主需自行承担的风险较大。

2.赔偿范围的不同

交强险的保障范围广，商业险的保障范围相对狭窄。发生保险事故时，交强险要求保险人不仅承担被保险人依法应承担的损害赔偿责任，还要承担被保险人无责任时的损害赔偿责任。而在商业险中,在被保险人无责任或者无过错的情况下,保险人不承担赔偿责任。另外,商业险条款的责任免除项下还列明了许多保险人不承担赔偿责任的情形。

3. 赔偿顺序的不同

2020 年修正的《最高人民法院关于审理道路交通事故损害赔偿案件适用法律若干问题的解释》中规定,同时投保交强险和第三者责任商业保险的机动车发生交通事故造成损害,当事人同时起诉侵权人和保险公司的,人民法院应当依据《中华人民共和国民法典》第一千二百一十三条的规定,确定赔偿责任。《中华人民共和国民法典》第一千二百一十三条规定:机动车发生交通事故造成损害,属于该机动车一方责任的,先由承保机动车强制保险的保险人在强制保险责任限额范围内予以赔偿;不足部分,由承保机动车商业保险的保险人按照保险合同的约定予以赔偿;仍然不足或者没有投保机动车商业保险的,由侵权人赔偿。

知识点 4 《机动车交通事故责任强制保险条款》

1. 总则

第一条　根据《中华人民共和国道路交通安全法》《中华人民共和国保险法》《机动车交通事故责任强制保险条例》等法律、行政法规,制定本条款。

第二条　机动车交通事故责任强制保险(以下简称交强险)合同由本条款与投保单、保险单、批单和特别约定共同组成。凡与交强险合同有关的约定,都应当采用书面形式。

第三条　交强险费率实行与被保险机动车道路交通安全违法行为、交通事故记录相联系的浮动机制。

签订交强险合同时,投保人应当一次支付全部保险费。保险费按照中国银行保险监督管理委员会(以下简称银保监会)批准的交强险费率计算。

2. 定义

第四条　交强险合同中的被保险人是指投保人及其允许的合法驾驶人。

投保人是指与保险人订立交强险合同,并按照合同负有支付保险费义务的机动车的所有人、管理人。

第五条　交强险合同中的受害人是指因被保险机动车发生交通事故遭受人身伤亡或者财产损失的人,但不包括被保险机动车本车车上人员、被保险人。

第六条　交强险合同中的责任限额是指被保险机动车发生交通事故,保险人对每次保险事故所有受害人的人身伤亡和财产损失所承担的最高赔偿金额。责任限额分为死亡伤残赔偿限额、医疗费用赔偿限额、财产损失赔偿限额以及被保险人在道路交通事故中无责任的赔偿限额。其中无责任的赔偿限额分为无责任死亡伤残赔偿限额、无责任医疗费用赔偿限额以及无责任财产损失赔偿限额。

第七条　交强险合同中的抢救费用是指被保险机动车发生交通事故导致受害人受伤时,医疗机构对生命体征不平稳和虽然生命体征平稳但如果不采取处理措施会产生生命危险，或者导致残疾、器官功能障碍，或者导致病程明显延长的受害人，参照国务院卫生主管部门组织制定的交通事故人员创伤临床诊疗指南和国家基本医疗保险标准，采取必要的处理措施所发生的医疗费用。

3. 保险责任

第八条　在中华人民共和国境内(不含港、澳、台地区)，被保险人在使用被保险机动车过程中发生交通事故，致使受害人遭受人身伤亡或者财产损失，依法应当由被保险人承担的损害赔偿责任，保险人按照交强险合同的约定对每次事故在下列赔偿限额内负责赔偿:

①死亡伤残赔偿限额为 180 000 元;

②医疗费用赔偿限额为 18 000 元;

③财产损失赔偿限额为 2000 元;

④被保险人无责任时，死亡伤残赔偿限额为 18 000 元，医疗费用赔偿限额为 1800 元，财产损失赔偿限额为 100 元。(2020 年 9 月，交强险责任限额有所变动，变动前后对比如表 2.1.1 所示。)

表 2.1.1　2020 年 9 月交强险改革前后赔偿限额对比

项目	有责		无责	
	改革前	改革后	改革前	改革后
财产损失限额	2000 元	2000 元	100 元	100 元
医疗费用限额	10 000 元	18 000 元	1000 元	1800 元
死亡伤残限额	110 000 元	180 000 元	11 000 元	18 000 元

死亡伤残赔偿限额和无责任死亡伤残赔偿限额项下负责赔偿丧葬费、死亡补偿费、受害人亲属办理丧葬事宜支出的交通费用、残疾赔偿金、残疾辅助器具费、护理费、康复费、交通费、被扶养人生活费、住宿费、误工费，被保险人依照法院判决或者调解承担的精神损害抚慰金。

医疗费用赔偿限额和无责任医疗费用赔偿限额项下负责赔偿医药费、诊疗费、住院费、住院伙食补助费，以及必要的、合理的后续治疗费、整容费、营养费。

4. 垫付与追偿

第九条　被保险机动车在下列情形下发生交通事故，造成受害人受伤需要抢救的，保险人在接到公安机关交通管理部门的书面通知和医疗机构出具的抢救费用清单后，按照国务院卫生主管部门组织制定的交通事故人员创伤临床诊疗指南和国家基本医疗保险标准进行核实。对于符合规定的抢救费用，保险人在医疗费用赔偿限额内垫付。被保险人在交通事故中无责任的，保险人在无责任医疗费用赔偿限额内垫付。对于其他损失和费用，保险人不负责垫付和赔偿。

①驾驶人未取得驾驶资格的;

②驾驶人醉酒的；

③被保险机动车被盗抢期间肇事的；

④被保险人故意制造交通事故的。

对于垫付的抢救费用，保险人有权向致害人追偿。

5. 责任免除

第十条　下列损失和费用，交强险不负责赔偿和垫付：

①因受害人故意造成的交通事故的损失；

②被保险人所有的财产及被保险机动车上的财产遭受的损失；

③被保险机动车发生交通事故，致使受害人停业、停驶、停电、停水、停气、停产、通信或者网络中断、数据丢失、电压变化等造成的损失以及受害人财产因市场价格变动造成的贬值、修理后因价值降低造成的损失等其他各种间接损失；

④因交通事故产生的仲裁或者诉讼费用以及其他相关费用。

6. 保险期间

第十一条　除国家法律、行政法规另有规定外，交强险合同的保险期间为一年，以保险单载明的起止时间为准。

7. 投保人、被保险人义务

第十二条　投保人投保时，应当如实填写投保单（常见投保单如图 2.1.2 所示），向保险人如实告知重要事项，并提供被保险机动车的行驶证和驾驶证复印件。重要事项包括机动车的种类、厂牌型号、识别代码、号牌号码、使用性质和机动车所有人或者管理人的姓名（名称）、性别、年龄、住所、身份证或者驾驶证号码（统一社会信用代码）、续保前该机动车发生事故的情况以及银保监会规定的其他事项。

投保人未如实告知重要事项，对保险费计算有影响的，保险人按照保单年度重新核定保险费计收。

第十三条　签订交强险合同时，投保人不得在保险条款和保险费率之外，向保险人提出附加其他条件的要求。

第十四条　投保人续保的，应当提供被保险机动车上一年度交强险的保险单。

第十五条　在保险合同有效期内，被保险机动车因改装、加装、使用性质改变等导致危险程度增加的，被保险人应当及时通知保险人，并办理批改手续。否则，保险人按照保单年度重新核定保险费计收。

第十六条　被保险机动车发生交通事故，被保险人应当及时采取合理、必要的施救和保护措施，并在事故发生后及时通知保险人。

第十七条　发生保险事故后，被保险人应当积极协助保险人进行现场查勘和事故调查。

发生与保险赔偿有关的仲裁或者诉讼时，被保险人应当及时书面通知保险人。

中国银行保险监督管理委员会监制

限在江苏省销售

本保单属于个人营销业务,营销员为:

机动车交通事故责任强制保险单（电子保单）

PICC 中国人民保险

投保验证码回填时间:

收费确认时间:2023-05-10 08:33

投保确认时间:2023-05-10 08:33   苏:

生成保单时间:2023-05-10 08:33   保险单号:

被保险人						
被保险人身份证号码（统一社会信用代码）		身份证:				
地 址				联系电话		

被保险机动车	号牌号码		机动车种类	客车	使用性质	家庭自用汽车
	发动机号码		识别代码（车架号）			
	厂牌型号		核定载客	5人	核定载质量	0.000千克
	排量	1.5980L	功率	86.0000KW	登记日期	2016-06-07

责任限额	死亡伤残赔偿限额	180,000元	无责任死亡伤残赔偿限额	18,000元
	医疗费用赔偿限额	18,000元	无责任医疗费用赔偿限额	1,800元
	财产损失赔偿限额	2,000元	无责任财产损失赔偿限额	100元

与道路交通安全违法行为和道路交通事故相联系的浮动比率		-30	%

保险费合计（人民币大写）:陆佰陆拾伍元整   （¥:665.00元）其中救助基金（2.00%）¥:12.55元

保险期间自   2023年05月19日0时0分起至2024年05月18日24时0分止

保险合同争议解决方式   诉讼

代收车船税	整备质量	1,200.00	纳税人识别号		
	当年应缴	¥:300.00元	往年补缴	¥:0.00元	滞纳金	¥:0.00元
	合计（人民币大写）:叁佰元整				（¥:300.00元）
	完税凭证号（减免税证明号）		开具税务机关	江苏省地方税务局直属分局	

特别约定	1.保险公司不会让您在ATM机上进行任何操作,凡是要求到ATM机上进行所谓收款操作的,均系诈骗行为,必要时及时报警! 2.保险期间内,如发生本保险合同约定的保险事故造成被保险车辆损失或第三者财产损失,保险人可采取实物赔付或现金赔付方式进行保险赔付。选择采取实物赔付方式的,由保险人和被保险人在事故车辆修理前签订《实物赔付确认书》。 3.人保财险投诉监督电话95518;江苏保险纠纷投诉处理中心电话4008012378。
	特别提示:除法律法规另有约定外,投保人拥有保险合同解除权,涉及（减）退保费的,退还给投保人。
	本保单投保人为:

重要提示	1.请详细阅读保险条款,特别是责任免除和投保人、被保险人义务。 含税总保险费665.00元,其中:不含税保险费总计:627.36元,增值税额总计:37.64元 2.收到本保险单后,请立即核对,如有不符或疏漏,请及时通知保险人并办理变更或补充手续。 3.保险费应一次性交清,请您及时核对保险单和发票（收据）,如有不符,及时与保险人联系。 4.投保人应如实告知对保险费计算有影响的或被保险机动车因改装、加装、改变使用性质等导致危险程度增加的重要事项,并及时通知保险人办理批改手续。 5.被保险人应当在交通事故发生后及时通知保险人。 投保确认码:02P1CC320023050183678808134807

保险人	公司名称:中国人民财产保险股份有限公司宿迁市分公司
	公司地址:江苏省宿迁市宿城区黄河路218号、222号
	邮政编码:223800 服务电话:95518 签单日期:2023-05-06

核保:自动核保   制单:

图 2.1.2　机动车交通事故责任强制保险单

8．赔偿处理

第十八条　被保险机动车发生交通事故的,由被保险人向保险人申请赔偿保险金。被保险人索赔时,应当向保险人提供以下材料:

①交强险的保险单;

②被保险人出具的索赔申请书;

③被保险人和受害人的有效身份证明、被保险机动车行驶证和驾驶人的驾驶证；

④公安机关交通管理部门出具的事故证明，或者人民法院等机构出具的有关法律文书及其他证明；

⑤被保险人根据有关法律法规规定选择自行协商方式处理交通事故的，应当提供依照《道路交通事故处理程序规定》规定的记录交通事故情况的协议书；

⑥受害人财产损失程度证明、人身伤残程度证明、相关医疗证明以及有关损失清单和费用单据；

⑦其他与确认保险事故的性质、原因、损失程度等有关的证明和资料。

第十九条　保险事故发生后，保险人按照国家有关法律法规规定的赔偿范围、项目和标准以及交强险合同的约定，并根据国务院卫生主管部门组织制定的交通事故人员创伤临床诊疗指南和国家基本医疗保险标准，在交强险的责任限额内核定人身伤亡的赔偿金额。

第二十条　因保险事故造成受害人人身伤亡的，未经保险人书面同意，被保险人自行承诺或支付的赔偿金额，保险人在交强险责任限额内有权重新核定。

因保险事故损坏的受害人财产需要修理的，被保险人应当在修理前会同保险人检验，协商确定修理或者更换项目、方式和费用。否则，保险人在交强险责任限额内有权重新核定。

第二十一条　被保险机动车发生涉及受害人受伤的交通事故，因抢救受害人需要保险人支付抢救费用的，保险人在接到公安机关交通管理部门的书面通知和医疗机构出具的抢救费用清单后，按照国务院卫生主管部门组织制定的交通事故人员创伤临床诊疗指南和国家基本医疗保险标准进行核实。对于符合规定的抢救费用，保险人在医疗费用赔偿限额内支付。被保险人在交通事故中无责任的，保险人在无责任医疗费用赔偿限额内支付。

9. 合同变更与终止

第二十二条　在交强险合同有效期内，被保险机动车所有权发生转移的，投保人应当及时通知保险人，并办理交强险合同变更手续。

第二十三条　在下列三种情况下，投保人可以要求解除交强险合同：

①被保险机动车被依法注销登记的；

②被保险机动车办理停驶的；

③被保险机动车经公安机关证实丢失的。

交强险合同解除后，投保人应当及时将保险单、保险标志交还保险人；无法交回保险标志的，应当向保险人说明情况，征得保险人同意。

第二十四条　发生《机动车交通事故责任强制保险条例》所列明的投保人、保险人解除交强险合同的情况时，保险人按照日费率收取自保险责任开始之日起至合同解除之日止期间的保险费。

10. 附则

第二十五条　因履行交强险合同发生争议的，由合同当事人协商解决。

协商不成的，提交保险单载明的仲裁委员会仲裁。保险单未载明仲裁机构或者争议发生后未达成仲裁协议的，可以向人民法院起诉。

第二十六条　交强险合同争议处理适用中华人民共和国法律。

第二十七条　本条款未尽事宜，按照《机动车交通事故责任强制保险条例》执行。

知识点 5　交强险的基础费率及浮动系数

1. 交强险的基础费率

2006年6月，原保监会正式批准了中国保险行业协会制定的交强险条款和费率方案。

2008年，原保监会发布《关于中国保险行业协会调整机动车交通事故责任强制保险费率的批复》（保监产险〔2008〕27号），同意实施《机动车交通事故责任强制保险费率方案》（2008版），其中基础费率如表2.1.2所示。

表2.1.2　机动车交通事故责任强制保险基础费率表（2008版）

车辆大类	序号	车辆明细分类	保费（元）
家庭自用车	1	家庭自用汽车6座以下	950
	2	家庭自用汽车6座及以上	1100
非营业客车	3	企业非营业汽车6座以下	1000
	4	企业非营业汽车6～10座	1130
	5	企业非营业汽车10～20座	1220
	6	企业非营业汽车20座以上	1270
	7	机关非营业汽车6座以下	950
	8	机关非营业汽车6～10座	1070
	9	机关非营业汽车10～20座	1140
	10	机关非营业汽车20座以上	1320
营业客车	11	营业出租租赁6座以下	1800
	12	营业出租租赁6～10座	2360
	13	营业出租租赁10～20座	2400
	14	营业出租租赁20～36座	2560
	15	营业出租租赁36座以上	3530
	16	营业城市公交6～10座	2250
	17	营业城市公交10～20座	2520
	18	营业城市公交20～36座	3020
	19	营业城市公交36座以上	3140
	20	营业公路客运6～10座	2350

续表

车辆大类	序号	车辆明细分类	保费（元）
营业客车	21	营业公路客运 10～20 座	2620
	22	营业公路客运 20～36 座	3420
	23	营业公路客运 36 座以上	4690
非营业货车	24	非营业货车 2 吨以下	1200
	25	非营业货车 2～5 吨	1470
	26	非营业货车 5～10 吨	1650
	27	非营业货车 10 吨以上	2220
营业货车	28	营业货车 2 吨以下	1850
	29	营业货车 2～5 吨	3070
	30	营业货车 5～10 吨	3450
	31	营业货车 10 吨以上	4480
特种车	32	特种车一	3710
	33	特种车二	2430
	34	特种车三	1080
	35	特种车四	3980
摩托车	36	摩托车 50CC 及以下	80
	37	摩托车 50CC～250CC（含）	120
	38	摩托车 250CC 以上及侧三轮	400
拖拉机	39	兼用型拖拉机 14.7kW 及以下	按保监产险〔2007〕53 号实行地区差别费率
	40	兼用型拖拉机 14.7kW 以上	
	41	运输型拖拉机 14.7kW 及以下	
	42	运输型拖拉机 14.7kW 以上	

注：①座位和吨位的分类都按照"含起点不含终点"的原则来解释。

②特种车一：油罐车、气罐车、液罐车；特种车二：专用净水车、特种车一以外的罐式货车，以及用于清障、清扫、清洁、起重、装卸、升降、搅拌、挖掘、推土、冷藏、保温等的各种专用机动车；特种车三：装有固定专用仪器设备从事专业工作的监测、消防、运钞、医疗、电视转播等的各种专用机动车；特种车四：集装箱拖头。

③挂车根据实际的使用性质并按照对应吨位货车的 30％ 计算。

④低速载货汽车参照运输型拖拉机 14.7kW 以上的费率执行。

2. 交强险新费率浮动系数方案

2020 年 9 月，中国银保监会发布《关于调整交强险责任限额和费率浮动系数的公告》，将《机动车交通事故责任强制保险费率浮动暂行办法》（以下简称《暂行办法》）第三条修改如下。

内蒙古、海南、青海、西藏 4 个地区实行以下费率调整方案 A（见表 2.1.3）。

表 2.1.3　调整方案 A

	浮动因素	浮动比率
与道路交通事故相联系的浮动方案 A	A1，上一个年度未发生有责任道路交通事故	−30％
	A2，上两个年度未发生有责任道路交通事故	−40％
	A3，上三个及以上年度未发生有责任道路交通事故	−50％
	A4，上一个年度发生一次有责任不涉及死亡的道路交通事故	0％
	A5，上一个年度发生两次及两次以上有责任道路交通事故	10％
	A6，上一个年度发生有责任道路交通死亡事故	30％

陕西、云南、广西 3 个地区实行以下费率调整方案 B（见表 2.1.4）。

表 2.1.4　调整方案 B

	浮动因素	浮动比率
与道路交通事故相联系的浮动方案 B	B1，上一个年度未发生有责任道路交通事故	−25％
	B2，上两个年度未发生有责任道路交通事故	−35％
	B3，上三个及以上年度未发生有责任道路交通事故	−45％
	B4，上一个年度发生一次有责任不涉及死亡的道路交通事故	0％
	B5，上一个年度发生两次及两次以上有责任道路交通事故	10％
	B6，上一个年度发生有责任道路交通死亡事故	30％

甘肃、吉林、山西、黑龙江、新疆 5 个地区实行以下费率调整方案 C（见表 2.1.5）。

表 2.1.5　调整方案 C

	浮动因素	浮动比率
与道路交通事故相联系的浮动方案 C	C1，上一个年度未发生有责任道路交通事故	−20％
	C2，上两个年度未发生有责任道路交通事故	−30％
	C3，上三个及以上年度未发生有责任道路交通事故	−40％
	C4，上一个年度发生一次有责任不涉及死亡的道路交通事故	0％
	C5，上一个年度发生两次及两次以上有责任道路交通事故	10％
	C6，上一个年度发生有责任道路交通死亡事故	30％

北京、天津、河北、宁夏 4 个地区实行以下费率调整方案 D（见表 2.1.6）。

表 2.1.6　调整方案 D

	浮动因素	浮动比率
与道路交通事故相联系的浮动方案 D	D1，上一个年度未发生有责任道路交通事故	−15%
	D2，上两个年度未发生有责任道路交通事故	−25%
	D3，上三个及以上年度未发生有责任道路交通事故	−35%
	D4，上一个年度发生一次有责任不涉及死亡的道路交通事故	0%
	D5，上一个年度发生两次及两次以上有责任道路交通事故	10%
	D6，上一个年度发生有责任道路交通死亡事故	30%

江苏、浙江、安徽、上海、湖南、湖北、江西、辽宁、河南、福建、重庆、山东、广东、深圳、厦门、四川、贵州、大连、青岛、宁波 20 个地区实行以下费率调整方案 E（见表 2.1.7）。

表 2.1.7　调整方案 E

	浮动因素	浮动比率
与道路交通事故相联系的浮动方案 E	E1，上一个年度未发生有责任道路交通事故	−10%
	E2，上两个年度未发生有责任道路交通事故	−20%
	E3，上三个及以上年度未发生有责任道路交通事故	−30%
	E4，上一个年度发生一次有责任不涉及死亡的道路交通事故	0%
	E5，上一个年度发生两次及两次以上有责任道路交通事故	10%
	E6，上一个年度发生有责任道路交通死亡事故	30%

将《暂行办法》第四条修改为："交强险最终保险费计算方法是：交强险最终保险费＝交强险基础保险费×（1＋与道路交通事故相联系的浮动比率 X，X 取 ABCDE 方案其中之一对应的值）。"

将《暂行办法》第七条修改为："与道路交通事故相联系的浮动比率 X 为 X_1 至 X_6 其中之一，不累加。同时满足多个浮动因素的，按照向上浮动或者向下浮动比率的高者计算。"

课中实践

一　知识测评（判断题，正确的画"√"，错误的画"×"）

题号	题干	答案	知识链接
1	交强险是国家强制性保险，投保、退保都自由		知识点 1
2	交强险是一种对第三者责任承担赔偿的保险		知识点 1
3	交强险保险费率实行"奖优惩劣"的浮动机制		知识点 2

题号	题干	答案	知识链接
4	机动车所有人、管理人未按照规定投保机动车交通事故责任强制保险的，公安机关交通管理部门可以扣留机动车		知识点 2
5	交强险主要是承担广覆盖的基本保障。对于更多样、更高额、更广泛的保障需求，消费者可以在购买交强险的同时按个人意愿购买第三者责任险、车损险等商业车险，使自己具有更高水平的保险保障		知识点 3
6	交强险和机动车第三者责任险的赔偿对象都是第三方		知识点 3
7	交强险合同中的保险人是指投保人及其允许的合法驾驶人		知识点 4
8	除国家法律、行政法规另有规定外，交强险合同的保险期间为一年，以保险单载明的起止时间为准		知识点 4
9	交强险无责财产损失赔偿限额是 2000 元		知识点 4
10	交强险合同中的受害人是指因被保险机动车发生交通事故遭受人身伤亡或者财产损失的人，但不包括被保险机动车本车车上人员、被保险人		知识点 4
11	驾驶人未取得驾驶资格或者醉酒的，保险公司在机动车交通事故责任强制保险责任限额范围内垫付抢救费用，并有权向致害人追偿		知识点 4
12	企业非营业汽车 6 座以下的交强险保费为 950 元		知识点 5
13	上一年度发生一次有责任但不涉及死亡的道路交通事故的车辆，今年应缴纳交强险保费的费率浮动为上浮 10%		知识点 5
14	上一年度未发生任何交通违法行为的，交强险费率保持不变		知识点 5
15	交强险最终保险费＝交强险基础保险费×(1＋与道路交通事故相联系的浮动比率＋与酒后驾驶违法行为相联系的比率)		知识点 5

二　工作任务

1. 任务分组

班级		组号		指导老师	
组长		承担任务			
组员及分工					
姓名	承担任务		姓名		承担任务

2. 任务实践

目标要求	1. 向余先生解释交强险条款的责任限额、责任免除、保费计算、垫付与追偿等内容 2. 完成本表中的保费计算和案例综合分析
时间要求	45 分钟
方法说明	可以通过小组讨论、查询资料等方法来完成

实践具体内容			
序号	活动内容	活动记录		

序号	活动内容	活动记录
1	解释交强险的条款	(1)定义 被保险人： 投保人： 受害人： 责任限额： 抢救费用： (2)2020 年改革后交强险责任限额 (3)垫付与追偿 哪四种情形下，对于符合规定的抢救费用，保险人在医疗费用赔偿限额内予以垫付？ (4)责任免除 对于哪些损失和费用，交强险不负责赔偿和垫付？
2	熟悉交强险保费的计算方法	交强险最终保险费 ＝ _____ ×（1＋ _____ _____） 与道路交通事故相联系的浮动比率的确定方法：

交强险责任限额表：

项目	有责	无责
财产损失限额		
医疗费用限额		
死亡伤残限额		

3	完成保费计算	(1)青海省某家用轿车在2021年保险周期内发生双方道路交通事故一次，在2022年保险周期内发生单方道路交通事故一次，请计算该车辆在2023年的保费： (2)云南省某家用SUV于2020年购买，在2020年、2021年保险周期内均未发生道路交通事故，请计算该车辆在2022年的保费： (3)江苏省某企业的10—20座非营业汽车，在2024年发生了一次有责任但不涉及死亡的道路交通事故，请计算该车辆在2025年的保费：
4	案例综合分析	2020年7月，李某驾驶小汽车与王某发生交通事故，导致王某受重伤后抢救无效死亡。经县公安局交通警察大队认定，李某的血液酒精含量达到80mg/100mL以上，系醉酒后驾驶机动车，负事故主要责任。 李某为小汽车向保险公司投保了交强险。事故发生后，经法院判决，保险公司应在交强险限额内向死者家属赔偿11万元，该款于2021年1月支付。后保险公司提起诉讼，要求李某偿还垫付的赔偿款。 法院经审理认为，驾驶人醉酒驾驶机动车发生交通事故致第三人人身损害，保险公司在交强险责任限额范围内承担赔偿责任后，可在赔偿范围内向侵权人主张追偿权。本案中，李某系醉酒后驾驶机动车发生交通事故，属于上述情况，遂判决李某返还保险公司垫付的赔偿款11万元。 (1)请分析：为何明知李某为醉酒驾驶机动车，其投保的保险公司依然向死者家属赔偿了11万元？保险公司在赔付后，为何又向李某追还所赔偿金额？

续表

4	案例综合分析	（2）法院如何确定赔偿金额为 11 万元？按照 2020 年 9 月发布的《关于实施车险综合改革的指导意见》的精神，保险公司又应该垫付多少钱？

3. 实施总结

组内的分工情况	
知识点的运用情况	
存在的问题	
改进的措施	

三　学习目标达成情况

序号	学习内容（知识、技能、行为习惯、职业素养）	目标达成情况			
		了解知道	理解掌握	指导下完成	独立完成
1	交强险的定义与作用				
2	交强险的五大特征				
3	交强险与第三者责任险的区别				
4	交强险的条款与赔偿限额				
5	交强险的基础费率及浮动系数				
6	交强险最终保险费的计算方法				

课后延伸

一　理论测试

二 任务实施巩固

	思维拓展
问题1	交强险是每辆车必须购买的强制性保险，那么车主在投保时应该注意什么？车主应通过何种渠道购买？
问题2	作为车主，仅仅购买交强险能否得到充分的保障，还可以购买哪些险种？

任务2　认识机动车损失保险

任务案例

余先生在投保了机动车交通事故责任强制保险后，还想投保机动车商业保险，他首先考虑的是机动车损失保险。那么，什么是机动车损失保险？机动车损失保险的条款有哪些？保险费用如何计算？

▶ 课前预习

同学们，为了顺利完成本次任务，请在课前扫描右侧二维码，查阅资料，开展预习，熟悉相关应知应会知识点，并完成知识点介绍后的测试。

课前学习资料

知识点 1　机动车损失保险概述

机动车损失保险，简称车损险，是指被保险人或其允许的驾驶员在驾驶保险车辆发生保险事故造成保险车辆受损的情况下，保险公司按照保险合同约定予以赔偿的保险，其主要赔偿被保险车辆的损失。它是车辆保险中用途最广泛的险种。无论是小剐小蹭，还是严重损坏，都可以由保险公司来支付修理费用，车损险对于维护车主的利益具有重要作用。

中国银保监会于2020年9月2日印发的《关于实施车险综合改革的指导意见》中提出，在基本不增加消费者保费支出的原则下，支持行业拓展商车险保障责任范围，引导行业将机动车示范产品的车损险主险条款在现有保险责任基础上，增加机动车全车盗抢、玻璃单独破碎、自燃、发动机涉水、不计免赔率、无法找到第三方特约等保险责任，为消费者提供更加全面完善的车险保障服务。支持行业开发车轮单独损失险、医保外用药责任险等附加险产品。

知识点 2　机动车损失保险的保险责任与责任免除

1. 保险责任

保险期间内，被保险人或被保险机动车驾驶人（以下简称驾驶人）在使用被保险机动车过程中，因自然灾害、意外事故造成被保险机动车直接损失，且不属于免除保险人责任的范围，保险人依照保险合同的约定负责赔偿。关于自然灾害和意外事故的解释如表 2.2.1 所示。

表 2.2.1　关于自然灾害和意外事故的解释

项目	解释
自然灾害	指对人类以及人类赖以生存的环境造成破坏性影响的自然现象，包括雷击、暴风、暴雨、洪水、龙卷风、冰雹、台风、热带风暴、地陷、崖崩、滑坡、泥石流、雪崩、冰陷、暴雪、冰凌、沙尘暴、地震及其次生灾害等
意外事故	指被保险人不可预料、无法控制的突发性事件，但不包括战争、军事冲突、恐怖活动、暴乱、污染（含放射性污染）、核反应、核辐射等

保险期内，被保险机动车被盗窃、抢劫、抢夺，经出险地县级以上公安刑侦部门立案证明，满 60 天未查明下落的全车损失，以及因被盗窃、抢劫、抢夺受到损坏造成的直接损失，且不属于免除保险人责任的范围，保险人依照保险合同的约定负责赔偿。

发生保险事故时，被保险人或驾驶人为防止或者减少被保险机动车的损失所支付的必要、合理的施救费用，由保险人承担；施救费用数额在被保险机动车损失赔偿金额以外的另行计算，最高不超过保险金额。

2. 责任免除

（1）在上述保险责任范围内，下列情况下，不论任何原因造成被保险机动车的任何损失和费用，保险人均不负责赔偿

①事故发生后，被保险人或驾驶人故意破坏、伪造现场，毁灭证据。

②驾驶人有下列情形之一者：

a. 交通肇事逃逸；

b. 饮酒、吸食或注射毒品、服用国家管制的精神药品或者麻醉药品；

c. 无驾驶证，驾驶证被依法扣留、暂扣、吊销、注销期间；

d. 驾驶与驾驶证载明的准驾车型不相符合的机动车。

③被保险机动车有下列情形之一者：

a. 发生保险事故时被保险机动车行驶证、号牌被注销；

b. 被扣留、收缴、没收期间；

c. 竞赛、测试期间，在营业性场所维修、保养、改装期间；

d. 被保险人或驾驶人故意或重大过失，导致被保险机动车被利用从事犯罪行为。

（2）下列原因导致的被保险机动车的损失和费用，保险人不负责赔偿

①战争、军事冲突、恐怖活动、暴乱、污染（含放射性污染）、核反应、核辐射。

②违反安全装载规定。

③被保险机动车被转让、改装、加装或改变使用性质等，导致被保险机动车危险程度

显著增加，且未及时通知保险人，因危险程度显著增加而发生保险事故的。

④投保人、被保险人或驾驶人故意制造保险事故。

（3）下列损失和费用，保险人不负责赔偿

①因市场价格变动造成的贬值、修理后因价值降低引起的减值损失。

②自然磨损、朽蚀、腐蚀、故障、本身质量缺陷。

③投保人、被保险人或驾驶人知道保险事故发生后，故意或者因重大过失未及时通知，致使保险事故的性质、原因、损失程度等难以确定的，保险人对无法确定的部分，不承担赔偿责任，但保险人通过其他途径已经知道或者应当及时知道保险事故发生的除外。

④因被保险人违反本条款第十五条约定，导致无法确定的损失。

⑤车轮单独损失，无明显碰撞痕迹的车身划痕，以及新增加设备的损失。

⑥非全车盗抢、仅车上零部件或附属设备被盗窃。

知识点 3 机动车损失保险的免赔额与保险金额

1. 免赔额

对于投保人与保险人在投保时协商确定绝对免赔额的，保险人在依据保险合同约定计算赔款的基础上，增加每次事故绝对免赔额。

2. 保险金额

保险金额按投保时被保险机动车的实际价值确定。投保时被保险机动车的实际价值由投保人与保险人根据投保时的新车购置价减去折旧金额后的价格协商确定或其他市场公允价值协商确定。其中，折旧金额可根据保险合同列明的参考折旧系数表（见表 2.2.2）确定。

表 2.2.2　参考月折旧系数表

车辆种类	家庭自用	非营业	营业	
			出租	其他
9 座以下客车	0.60%	0.60%	1.10%	0.90%
10 座以上客车	0.90%	0.90%	1.10%	0.90%
微型载货汽车	—	0.90%	1.10%	1.10%
带拖挂的载货汽车	—	0.90%	1.10%	1.10%
低速货车和三轮汽车	—	1.10%	1.40%	1.40%
其他车辆	—	0.90%	1.10%	0.90%

注：①折旧按月计算，不足一个月的部分，不计折旧。最高折旧金额不超过投保时被保险机动车新车购置价的 80%。

②折旧金额的计算公式为：折旧金额＝新车购置价×被保险机动车已使用月数×月折旧系数。

知识点 4　机动车损失保险的赔偿处理

1. 免赔与检验

发生保险事故后，保险人依据合同条款约定在保险责任范围内承担赔偿责任。赔偿方式由保险人与被保险人协商确定。

因保险事故损坏的被保险机动车，修理前被保险人应当会同保险人检验，协商确定维修机构，修理项目、方式和费用。无法协商确定的，双方委托共同认可的有资质的第三方进行评估。

2. 残值处理

被保险机动车遭受损失后的残余部分由保险人、被保险人协商处理。如折归被保险人的，由双方协商确定其价值并在赔款中扣除。

3. 因第三方损害造成的事故处理

因第三方对被保险机动车的损害而造成的保险事故，被保险人向第三方索赔的，保险人应积极协助；被保险人也可以直接向保险人索赔，保险人在保险金额内先行赔付被保险人，并在赔偿金额内代位行使被保险人对第三方请求赔偿的权利。

被保险人已经从第三方取得损害赔偿的，保险人进行赔偿时，相应扣减被保险人从第三方已取得的赔偿金额。

保险人未赔偿之前，被保险人放弃对第三方请求赔偿的权利的，保险人不承担赔偿责任。

被保险人故意或者因重大过失致使保险人不能行使代位请求赔偿的权利的，保险人可以扣减或者要求返还相应的赔款。

保险人向被保险人先行赔付的，保险人向第三方行使代位请求赔偿的权利时，被保险人应当向保险人提供必要的文件和所知道的有关情况。

4. 赔款计算

机动车损失赔款按以下方法计算。

（1）全部损失

全部损失的计算公式为：

赔款＝保险金额－被保险人已从第三方获得的赔偿金额－绝对免赔额

（2）部分损失

被保险机动车发生部分损失，保险人按实际修复费用在保险金额内计算赔偿：

赔款＝实际修复费用－被保险人已从第三方获得的赔偿金额－绝对免赔额

（3）施救费

施救的财产中，含有保险合同之外的财产，应按保险合同保险财产的实际价值占总施救财产的实际价值比例分摊施救费用。

注意：被保险机动车发生保险事故，导致全部损失，或一次赔款金额与免赔金额之和(不含施救费)达到保险金额，保险人按保险合同约定支付赔款后，保险责任终止，保险人不退还机动车损失保险及其附加险的保险费。

▶▶ 课中实践

一 知识测评(判断题，正确的画"√"，错误的画"×")

题号	题干	答案	知识链接
1	车辆损失险的保险标的是机动车辆本身		知识点 1
2	涉水险与自燃险都需要单独购买		知识点 1
3	车损险保险期间内，被保险人或被保险机动车驾驶人在使用被保险机动车过程中，因自然灾害、意外事故造成的被保险机动车的间接损失，且不属于免除保险人责任的范围，保险人依照本保险合同的约定负责赔偿		知识点 2
4	意外事故指被保险人不可预料、无法控制的突发性事件，包括战争、军事冲突、恐怖活动、暴乱、污染(含放射性污染)、核反应、核辐射等		知识点 2
5	车上轮胎被盗属于盗抢险除外责任		知识点 2
6	车损险的合理施救费用不能超过保险金额		知识点 2
7	保险期限不足一年的，按月计收保险费		知识点 3
8	机动车综合商业保险示范条款中删除了事故责任免赔率条款		知识点 3
9	对于机动车损失无法协商确定的，双方可委托共同认可的有资质的第三方进行评估		知识点 3
10	2020 年车险综合改革后，车损险保额的确定方式有所变化，改为按投保时被保险机动车的实际价值确定。实际价值由投保人与保险人根据投保时的新车购置价减去折旧金额后的价格协商确定或其他市场公允价值协商确定		知识点 3
11	9 座以下家庭自用客车月折旧系数为 6%		知识点 3
12	在确定被保险机动车的实际价值时，最高折旧金额不超过投保时被保险机动车新车购置价的 60%		知识点 3
13	实际价值是指在保险合同签订地购置与被保险机动车同类型新车的价格		知识点 3
14	车辆损失一次性赔偿金额与免赔金额之和达到或超过保险金额时，车损险的保险责任即终止，保险人不退还保险费		知识点 4
15	被保险人已经从第三方取得损害赔偿的，计算保险人的赔偿金额时，应扣减被保险人已从第三方取得的赔偿金额		知识点 4

二 工作任务

1. 任务分组

班级			组号		指导老师	
组长			承担任务			
组员及分工						
姓名	承担任务			姓名	承担任务	

2. 任务实践

目标要求	1. 向余先生解释车损险的保险责任、责任免除、保险金额、赔偿处理等内容 2. 完成表格中的保费计算和案例综合分析
时间要求	45 分钟
方法说明	可以通过小组讨论、查询资料等方法来完成
实践具体内容	

序号	活动内容	活动记录
1	解释车损险的条款	(1)中国银保监会提出，引导行业将机动车示范产品的车损险主险条款在现有保险责任基础上，增加哪些保险责任？ (2)车损险的保险责任： (3)车损险的责任免除： (4)车损险的保险金额： 投保时被保险机动车的实际价值由＿＿＿＿＿＿＿＿＿＿＿＿＿＿＿＿＿＿＿＿＿＿＿＿来确定

2	计算车损险赔款	(1)全部损失： 赔款＝保险金额－_____ _____ (2)部分损失： 被保险机动车发生部分损失，保险人按实际修复费用在保险金额内计算赔偿 赔款＝实际修复费用－_____－绝对免赔额 (3)施救费： 施救的财产中，含有保险合同之外的财产，应按保险合同保险财产的实际价值占总施救财产的实际价值比例分摊施救费用
3	案例综合分析	(1)2021年1月，李先生购买了一辆新车，并投保了交强险及商业保险，其中，商业保险包括车损险。2021年7月，李先生出差一周，回家后发现停在小区里的爱车被剐蹭了。李先生随即报警并拨打了保险公司的报案电话，警方调取监控后仍找不到肇事方。保险公司在审查后告知李先生此次事故属于保险责任，并及时帮助李先生处理了车辆维修及理赔事宜 请问保险公司赔付的依据是什么？ (2)甲车在保险公司投保了车损险，保险金额为10万元，约定免赔额为500元，投保时附加的绝对免赔率特约条款约定：绝对免赔率为10％。某日，甲车与乙车发生交通事故，交警认定双方承担同等责任，即各50％。事故导致甲车受损严重，维修费用需15万元。甲车上携带有1万元的货物，因施救甲车产生的施救费为1000元（含货物施救）。乙车交强险公司依约赔付甲车交强险财产限额为2000元。请计算保险公司需赔付甲车的机动车损失保险的赔款金额

3. 实施总结

组内的分工情况	
知识点的运用情况	
存在的问题	
改进的措施	

三　学习目标达成情况

序号	学习内容（知识、技能、行为习惯、职业素养）	目标达成情况			
		了解知道	理解掌握	指导下完成	独立完成
1	车损险的概念				
2	车损险的保险责任				
3	车损险的责任免除				
4	车损险的免赔额				
5	车损险的保险金额				
6	车损险的赔偿处理				

课后延伸

一　理论测试

二　任务实施巩固

思维拓展	
问题1	一辆车发生事故，造成4S店售车前单独加装的前保险杠护杠损坏，保险公司是否应赔付护杠损失？
问题2	请思考，车辆在涉水行驶过程中发动机因进水而损毁，保险公司是否应赔付？涉水行驶后熄火，车主二次启动导致发动机损坏，保险公司是否应赔付，为什么？

任务3   认识机动车第三者责任保险

任务案例

刘某为自己的小货车向保险公司投保了交强险及保险金额为 50 万元的机动车第三者责任险。保险期间内，刘某驾驶小货车送前来参加他婚宴的两位朋友回家，由于疲劳驾驶，他错把油门当成刹车，将前方摩托车上的黄某和陈某撞伤。事故发生后，刘某害怕承担责任，立即驾车逃离事故现场。次日刘某到公安机关自首。交警部门调查后认定，刘某在发生事故后逃逸，应负事故全部责任。此时，保险公司是否应赔付？机动车第三者责任险又有什么作用呢？

课前预习

同学们，为了顺利完成本次任务，请在课前扫描右侧二维码，查阅资料，开展预习，熟悉相关应知应会知识点，并完成知识点介绍后的测试。

课前学习资料

知识点 1   机动车第三者责任保险概述

机动车第三者责任保险，简称第三者责任险，是指被保险人或其允许的合法驾驶人在使用被保险车辆过程中发生意外事故，致使第三者遭受人身伤亡或财产直接损毁，依法应当由被保险人支付的赔偿金额，由保险人依照保险合同的规定给予赔偿的一种保险。

提示：

第一者是指保险人；

第二者是指被保险人或者使用保险车辆的人；

第三者是指因被保险机动车发生意外事故遭受人身伤亡或者财产损失的人，但不包括投保人、被保险人和保险事故发生时被保险机动车车上的人员。

知识点 2   机动车第三者责任保险的保险责任

保险期间内，被保险人或其允许的合法驾驶人在使用被保险机动车过程中发生意外事故，致使第三者遭受人身伤亡或者财产直接损毁，依法应当对第三者承担损害赔偿责任，且不属于免除保险人责任的范围，保险人依照保险合同的约定，对于超过交强险各分项赔偿限额的部分负责赔偿。

保险人依据被保险机动车一方在事故中所负的事故责任比例，承担相应的赔偿责任。若未确定事故责任比例的，按照表 2.3.1 确定比例。

表 2.3.1　第三者责任险事故责任比例

被保险机动车一方所负责任	事故责任比例
负主要事故责任	70%
负同等事故责任	50%
负次要事故责任	30%

知识点 3　机动车第三者责任保险的责任免除条款

（1）在保险责任范围内，下列情况下，不论任何原因造成的人身伤亡、财产损失和费用，保险人均不负责赔偿

①事故发生后，被保险人或其允许的驾驶人在未依法采取措施的情况下驾驶被保险机动车或者遗弃被保险机动车逃离事故现场，或故意破坏、伪造现场，毁灭证据。

②驾驶人有下列情形之一者：

a. 饮酒、吸食或注射毒品、服用国家管制的精神药品或者麻醉药品；

b. 无驾驶证，或驾驶证被依法扣留、暂扣、吊销、注销期间；

c. 驾驶与驾驶证载明的准驾车型（如图 2.3.1 中，准驾车型为 C1）不相符合的机动车；

d. 实习期内驾驶公共汽车、营运客车、执行任务的警车、载有危险物品的机动车或牵引挂车的机动车；

e. 驾驶出租机动车或营业性机动车时，车上无交通运输管理部门核发的许可证书或其他必备证书；

图 2.3.1　机动车驾驶证

f. 学习驾驶时无合法教练员随车指导；

g. 非被保险人允许的驾驶人。

③被保险机动车有下列情形之一者：

a. 发生保险事故时，被保险机动车行驶证、号牌被注销的，被保险机动车未按规定检验或检验不合格的；

b. 被扣押、收缴、没收、政府征用期间；

c. 在竞赛、测试期间，在营业性场所维修、保养、改装期间；

d. 全车被盗窃、被抢劫、被抢夺、下落不明期间。

（2）下列原因导致的人身伤亡、财产损失和费用，保险人不负责赔偿

①地震及其次生灾害、战争、军事冲突、恐怖活动、暴乱、污染（含放射性污染）、核反应、核辐射。

②被保险机动车在行驶过程中翻斗突然升起，或没有放下翻斗，或自卸系统（含机件）失灵。

③第三者、被保险人或其允许的驾驶人的故意行为、犯罪行为，第三者与被保险人或其他致害人恶意串通的行为。

④被保险机动车被转让、改装、加装或改变使用性质等，导致被保险机动车危险程度显著增加，且被保险人、受让人未及时通知保险人，因危险程度显著增加而发生保险事故的。

（3）下列人身伤亡、财产损失和费用，保险人不负责赔偿

①被保险机动车发生意外事故，致使任何单位或个人停业、停驶、停电、停水、停气、停产、通信或网络中断、电压变化、数据丢失造成的损失以及其他各种间接损失。

②第三者财产因市场价格变动造成的贬值、修理后因价值降低引起的减值损失。

③被保险人及其家庭成员、被保险人允许的驾驶人及其家庭成员所有、承租、使用、管理、运输或代管的财产损失，以及本车上的财产损失。

④被保险人、被保险人允许的驾驶人、本车车上人员的人身伤亡。

⑤停车费、保管费、扣车费、罚款、罚金或惩罚性赔款。

⑥超出《道路交通事故受伤人员临床诊疗指南》和国家基本医疗保险同类医疗费用标准的医疗费用。

⑦精神损害抚慰金。

⑧律师费，未经保险人事先书面同意的诉讼费、仲裁费。

⑨投保人、被保险人或其允许的驾驶人知道保险事故发生后，故意或者因重大过失未及时通知，致使保险事故的性质、原因、损失程度等难以确定的，保险人对无法确定的部分，不承担赔偿责任，但保险人通过其他途径已经及时知道或者应当及时知道保险事故发生的除外。

⑩因被保险人违反《中国保险行业协会机动车综合商业保险示范条款》（2020 版）第二十八条规定（因保险事故损坏的第三者财产，应当尽量修复。修理前被保险人应当会同保险人检验，协商确定修理项目、方式和费用。无法协商确定的，双方委托共同认可的有资质的第三方进行评估）导致的损失。

▶▶课中实践

一 知识测评(判断题，正确的画"√"，错误的画"×"；选择题为单选题)

题号	题干	答案	知识链接
1	以下属于第三者责任险中的第三者的是(　　) A. 投保人　　　　　　　　B. 保险人 C. 被保险人允许的合格驾驶员　　D. 保险事故中受害的第三方		知识点1
2	下列人员中，符合第三者责任险"第三者"定义的是(　　) A. 车上的乘客　　　　　　B. 正在下车的乘客 C. 已经下车的乘客　　　　D. 驾驶员		知识点1
3	精神损害抚慰金由第三者责任险保险人负责赔偿		知识点2
4	本车上其他人员的人身伤亡也在第三者责任险的保险责任范围内		知识点3
5	以下(　　)情况造成的损失不属于机动车第三者责任险的免除责任 A. 因战争、恐怖活动，或扣押、罚没期间 B. 竞赛，测试，在营业性维修场所修理、养护期间 C. 保险车辆超载 D. 保险车辆肇事逃逸		知识点3
6	同一被保险人的车辆之间发生意外事故，事故双方均不构成第三者		知识点3
7	被保险人或其允许的驾驶人给第三者造成损害，未向第三者赔偿的，保险人不得向被保险人赔偿		知识点3

二 工作任务

1. 任务分组

班级		组号		指导老师	
组长		承担任务			
组员及分工					
姓名	承担任务		姓名		承担任务

2. 任务实践

目标要求	1. 熟悉第三者责任险的责任免除条款 2. 回答任务案例中的问题：保险公司是否应赔偿？为什么？
时间要求	30 分钟
方法说明	可以采取小组讨论、查询资料的方法来完成

实践具体内容		
序号	活动内容	活动记录
1	案例分析	(1)根据第三者责任险责任免除条款，任务案例中的刘某在此次事故中的行为属于哪一种？ □事故发生后，在未依法采取措施的情况下驾驶被保险机动车或者遗弃被保险机动车离开事故现场 □饮酒、吸食或注射毒品、服用国家管制的精神药品或者麻醉药品 □无驾驶证，驾驶证被依法扣留、暂扣、吊销、注销期间 □驾驶与驾驶证载明的准驾车型不相符合的机动车 (2)任务案例中，肇事车辆投保的保险公司向黄某支付了 10 000 元医疗费。这项费用应由哪种保险赔付？ □第三者责任险 □交强险 □车上人员责任险 □车损险
2	案例拓展	(1)任务案例中，如果刘某不逃逸，但事故造成人员死亡，死者家属向刘某索要抚恤金、丧葬费等 40 万元费用，他投保的保险公司会赔偿吗？请写出相应的机动车第三者责任险保险责任条款 (2)说明机动车第三者责任险责任免除条款

3. 实施总结

组内的分工情况	
知识点的运用情况	
存在的问题	
改进的措施	

三　学习目标达成情况

序号	学习内容（知识技能、行为习惯、职业素养）	目标达成情况			
		了解知道	理解掌握	指导下完成	独立完成
1	第三者责任险的概念				
2	第三者责任险的保险责任				
3	第三者责任险的责任免除条款				

▶▶ 课后延伸

一　理论测试

二　任务实施巩固

思维拓展	
问题1	简述第三者责任险的保险责任
问题2	机动车交强险与第三者责任险的区别是什么？

任务4 认识机动车车上人员责任保险

任务案例

　　车主孙先生为自己的5座轿车向保险公司投保了交强险、机动车损失保险、第三者责任险和5个座位的机动车车上人员责任保险。保险期间内，孙先生和朋友们驾车外出游玩，行驶途中车辆与其他车发生追尾事故，造成两车不同程度损坏，孙先生车上连同车主共6人，6人均受轻伤。经交警部门认定，孙先生承担全部责任。此时，保险公司应如何赔付？

课前预习

　　同学们，为了顺利完成本次任务，请在课前扫描右侧二维码，查阅资料，开展预习，熟悉相关应知应会知识点，并完成知识点介绍后的测试。

课前学习资料

知识点 1 机动车车上人员责任保险概述

　　机动车车上人员责任保险，简称车上人员责任险，是指发生意外事故，造成保险车辆车上人员的人身伤亡，依法由被保险人承担的损害赔偿责任，由保险人依照保险合同的约定负责赔偿的保险。

　　提示：车上人员是指发生意外事故的瞬间，在被保险机动车的车体内或车体上的人员，包括正在上下车的人员。

知识点 2 机动车车上人员责任保险的保险责任

　　保险期间内，被保险人或其允许的合法驾驶人在使用被保险机动车过程中发生意外事故，致使车上人员遭受人身伤亡，依法应当对车上人员承担的损害赔偿责任，由保险人依照保险合同的约定负责赔偿。

　　保险人依据被保险机动车一方在事故中所负的责任比例，承担相应的赔偿责任。若未确定事故责任比例的，按照表2.4.1确定比例。

表 2.4.1　车上人员责任险事故责任比例

被保险机动车一方	事故责任比例
负主要事故责任	70%
负同等事故责任	50%
负次要事故责任	30%

知识点 3 机动车车上人员责任保险的责任免除条款

保险人免除赔偿责任的情形如下。

（1）违法或者故意的行为

由于行为本身的不合法性或者故意放纵结果的发生，被保险机动车造成人身伤亡的情形，不论在法律上是否应当由被保险人承担赔偿责任，保险人都可以免除责任。这些情形主要包括：

①被保险人或驾驶人的故意行为造成的人身伤亡。

②被保险人及驾驶人以外的其他车上人员的故意、重大过失行为造成的自身伤亡。

③违法、违章搭乘人员的人身伤亡。

④车上人员因疾病、分娩、自残、斗殴、自杀、犯罪行为造成的自身伤亡。

⑤事故发生后，被保险人或其允许的驾驶人在未依法采取措施的情况下驾驶被保险机动车或者遗弃机动车离开事故现场，或故意破坏、伪造现场，毁灭证据。

⑥利用被保险机动车从事违法活动。

⑦驾驶人饮酒、吸食或注射毒品、被药物麻醉后使用被保险机动车。

（2）不可抗力

发生以下情形，保险人可免除责任：

①地震及其次生灾害。

②车上人员在被保险机动车车下时遭受的人身伤亡。

③战争、军事冲突、恐怖活动、暴乱、扣押、收缴、没收、政府征用。

（3）驾驶人的不当行为

驾驶人有下列情形之一者，保险人可免除赔偿责任。

①无驾驶证或驾驶证有效期已届满，驾驶的被保险机动车与驾驶证载明的准驾车型不符。

②在驾驶证实习期内驾驶公共机动车、营运客车或者载有爆炸物品、易燃易爆化学物品、剧毒或者放射性等危险物品的被保险机动车，实习期内驾驶被保险机动车牵引挂车。

③持未按规定审验的驾驶证，以及驾驶证被扣留、吊销、注销期间驾驶被保险机动车。

④使用各种专用机械车、特种车的人员无国家有关部门核发的有效操作证，驾驶营运客车的驾驶人无国家有关部门核发的有效资格证书。

⑤依照法律法规或公安机关交通管理部门有关规定在不允许驾驶被保险机动车的其他情况下驾驶被保险机动车。

⑥非被保险人允许的驾驶人驾驶被保险机动车。

（4）其他情形

下列损失和费用，保险人不负责赔偿。

①精神损害赔偿。

②因污染（含放射性污染）造成的人身伤亡。

③仲裁、诉讼费用以及其他相关费用。

④应当由机动车交通事故责任强制保险赔偿的损失和费用。

知识点 4 机动车车上人员责任保险的赔偿处理

1. 索赔资料

（1）事故证明材料

被保险人索赔时，应当向保险人提供与确认保险事故的性质、原因、损失程度等有关的证明和资料。属于道路交通事故的，被保险人应当提供公安机关交通管理部门或法院等机构出具的事故证明，有关的法律文书（判决书、调解书、裁定书、裁决书等）和通过机动车交通事故责任强制保险获得赔偿金额的证明材料；属于非道路交通事故的，应提供相关的事故证明。

（2）权益证明材料

被保险人应当提供保险单、损失清单、有关费用单据、被保险机动车行驶证和发生事故时驾驶人的驾驶证。

2. 注意事项

（1）无权益者不赔偿

保险事故发生时，被保险人对被保险机动车不具有保险利益的，不得向保险人请求赔偿。

（2）按比例赔偿

①保险人依据被保险机动车驾驶人在事故中所负的事故责任比例，承担相应的赔偿责任。

②公安机关交通管理部门处理事故时未确定事故责任比例的，按照表2.4.1确定事故责任比例。

（3）赔偿限额

每次事故车上人员的人身伤亡按照国家有关法律法规规定的赔偿范围、项目和标准以及保险合同的约定进行赔偿。驾驶人的赔偿金额不超过保险单载明的驾驶人每次事故责任限额，每位乘客的赔偿金额不超过保险单载明的乘客每次事故每人责任限额，赔偿人数以投保乘客座位数为限。

保险人按照国家基本医疗保险的标准核定医疗费用的赔偿金额。未经保险人书面同意，被保险人自行承诺或支付的赔偿金额，保险人有权重新核定。不属于保险人赔偿范围或超出保险人应赔偿金额的，保险人不承担赔偿责任。

▶▶ 课中实践

一　知识测评（判断题，正确的画"√"，错误的画"×"）

题号	题干	答案	知识链接
1	被保险机动车改变使用性质，被保险人未及时通知保险人，且因改变使用性质导致被保险机动车危险程度显著增加而发生保险事故，保险人免责		知识点 3
2	被保险机动车转让，无须通知保险人，车上人员责任险自动转移		知识点 3
3	车上人员责任险保险人负责赔偿车上人员的精神损害抚慰金		知识点 3
4	被保险车辆违法、违章搭乘人员的人身伤亡，车上人员责任险保险人不负责赔偿		知识点 3
5	持 C 照驾驶证开中巴客车出险，车上乘客受伤，属车上人员责任险赔偿范围		知识点 3
6	公交车乘客下车不及时，被车门夹伤，未能下车，车上人员责任险保险人免责		知识点 3
7	地震及其次生灾害造成的人身伤亡，保险人不负责赔偿		知识点 3
8	酒驾造成的人身伤亡、财产损失和费用，保险人均不负责赔偿		知识点 3
9	投保乘客座位数按照被保险机动车的核定载客数(驾驶人座位除外)确定		知识点 4

二　工作任务

1. 任务分组

班级		组号		指导老师	
组长		承担任务			
组员及分工					
姓名	承担任务		姓名		承担任务

2. 任务实践

目标要求	1. 熟悉机动车车上人员责任保险的责任免除条款 2. 回答任务案例中的问题
时间要求	30 分钟
方法说明	可以采取小组讨论、查询资料的方法来完成

	实践具体内容	
序号	活动内容	活动记录
1	案例分析	根据机动车车上人员责任保险的保险责任，任务案例中，孙先生车上乘客受伤是否在保险责任范围内？ 答案及原因：
2	案例拓展	(1) 根据《中国保险行业协会商业车险综合示范条款（2020 版）》，勾选出下列人身伤亡、损失和费用中，保险人不负责赔偿的部分 □ 被保险人及驾驶人以外的其他车上人员的故意行为造成的自身伤亡 □ 车上人员因疾病、分娩、自残、斗殴、自杀、犯罪行为造成的自身伤亡 □ 违法、违章搭乘人员的人身伤亡 □ 罚款、罚金或惩罚性赔款 □ 车损险 (2) 根据《中国保险行业协会商业车险综合示范条款（2020 版）》，任务案例中，对孙先生的 5 座轿车载客 6 人，违法、违章搭乘人员的人身伤亡，是否属于责任免除项？ 答案及原因： (3) 这次事故中，孙先生能否得到交强险赔偿？ 答案及原因：

3. 实施总结

组内的分工情况	
知识点的运用情况	
存在的问题	
改进的措施	

三 学习目标达成情况

序号	学习内容（知识、技能、行为习惯、职业素养）	目标达成情况			
		了解知道	理解掌握	指导下完成	独立完成
1	机动车车上人员责任保险的定义				
2	机动车车上人员责任保险的责任免除条款				
3	机动车车上人员责任保险的索赔材料				
4	机动车车上人员责任保险的赔偿比例确定				

课后延伸

一 理论测试

二 任务实施巩固

思维拓展

查阅资料，试比较车上人员责任险和车辆人身意外险的区别

对比项目	车上人员责任险	车辆人身意外险
保障对象		
事故范围		
赔偿范围		
价格水平		

任务5 认识机动车附加险

任务案例

黄先生对刚买了半年的轿车非常珍爱。一天晚上，他忽然听到爱车的报警器鸣叫，急忙冲出去查看，发现自己的小儿子正拿着一块石头在自己的车上使劲摩擦，车身已经被划花，漆面上出现了几道30多厘米长的划痕。购买轿车时，黄先生通过4S店汽车经销商投保了交强险和车损险。于是，他急忙翻出保险公司的电话，咨询是否能理赔。那么，保险公司会进行理赔吗？

课前预习

同学们，为了顺利完成本次任务，请在课前扫描右侧二维码，查阅资料，开展预习，熟悉相关应知应会知识点，并完成知识点介绍后的测试。

课前学习资料

知识点 1 机动车附加险概述

机动车附加险，简称附加险，是指除了主险外，投保人根据需要投保的附带险种。附加险是对主险的补充，承保的一般是主险不予承保的自然灾害或意外事故。附加险不能单独投保，在投保主险后才能投保附加险。

知识点 2 常见的附加险

1. 新增加设备损失险

投保了机动车损失保险的机动车，可投保本附加险。

（1）保险责任

保险期间内，投保了本附加险的被保险机动车因发生机动车损失保险责任范围内的事故，造成车上新增加设备的直接损毁，保险人在保险单载明的本附加险的保险金额内，按照实际损失计算赔偿。

（2）保险金额

保险金额根据新增加设备投保时的实际价值确定。新增加设备的实际价值是指新增加设备的购置价减去折旧金额后的金额。

（3）赔偿处理

发生保险事故后，保险人依据本条款约定在保险责任范围内承担赔偿责任。赔偿方式由保险人与被保险人协商确定。赔款计算公式如下。

$$赔款＝实际修复费用－被保险人已从第三方获得的赔偿金额$$

2. 修理期间费用补偿险

投保了机动车损失保险的机动车，可投保本附加险。

（1）保险责任

保险期间内，投保了本条款的机动车在使用过程中，发生机动车损失保险责任范围内的事故，造成车身损毁，致使被保险机动车停驶，保险人按保险合同约定，在保险金额内向被保险人补偿修理期间费用，作为代步车费用或弥补停驶损失。

（2）责任免除

下列情况下，保险人不承担修理期间费用补偿：

①因机动车损失保险责任范围以外的事故而致被保险机动车的损毁或修理。

②非在保险人认可的修理厂修理时，因车辆修理质量不合要求造成返修。

③被保险人或驾驶人拖延车辆送修期间。

（3）保险金额

本附加险保险金额的计算公式为：

$$保险金额＝补偿天数\times 日补偿金额$$

其中，补偿天数及日补偿金额由投保人与保险人协商确定并在保险合同中载明，保险期间内约定的补偿天数最高不超过 90 天。

（4）赔偿处理

全车损失，按保险单载明的保险金额计算赔偿；部分损失，在保险金额内按约定的日补偿金额乘以从送修之日起至修复之日止的实际天数计算赔偿，实际天数超过双方约定修理天数的，以双方约定的修理天数为准。

保险期间内，累计赔款金额达到保险单载明的保险金额，本附加险保险责任终止。

3. 车身划痕损失险

（1）保险责任

车身划痕损失险负责赔偿被保险机动车在使用过程中发生的无明显碰撞痕迹的车身划痕损失，包括在车辆静止状态时车身被他人恶意划伤造成的损失和车辆行驶状态时不明物造成的无明显碰撞痕迹的车身划痕损失。车身划痕损失险是附加险，只有投保了车损险的机动车才可投保。该附加险适合车龄在 3 年以内、容量在 10 座以下的客车投保。

（2）责任免除

在一些情况下，保险人承担的车身划痕损失险责任可以免除：被保险人或驾驶人的故意行为和车身表面自然老化、损坏、腐蚀造成的损失；因投保人、被保险人与他人的民事、经济纠纷导致的划痕损失；被保险人及其家庭成员、驾驶人及其家庭成员的故意行为造成的损失。

（3）保险金额和绝对免赔率

①保险金额的确定。保险金额共分为四档：2000元、5000元、10 000元、20 000元，由保险公司和投保人在投保时协商确定。

②绝对免赔率。车身划痕损失险每次赔偿均实行15%的绝对免赔率。在保险期间，赔款金额累计达到保险金额时，本附加险保险责任终止。例如，李先生投保车身划痕损失险，保险金额为5000元，被保险机动车在保险期间发生了3次划痕损失，第一次损失2500元，第二次损失2500元，第三次损失1500元，则第一次、第二次可赔偿，而第三次不予赔偿，因为在第二次时累计赔款金额已达到保险金额。

4. 车上货物责任险

投保了第三者责任险的营业货车（含挂车），可投保本附加险。

（1）保险责任

保险期间内，被保险机动车在被保险人或其允许的合法驾驶人使用过程中发生意外事故，致使被保险机动车上所载的货物直接损毁，对被保险人依法应支付的赔偿金额，保险人在扣除机动车交通事故责任强制保险应当支付的赔款后，依照保险合同的约定给予赔偿。

（2）责任免除

一些损失和费用，保险人不负责赔偿：车上货物所有人的故意行为、犯罪行为、与被保险人或其他致害人恶意串通行为导致的任何损失；因包装、紧固不善，装载、遮盖不当导致的任何损失；载运的易碎货物因震动、挤压、与车体或车体以内的货物碰撞造成的损失；货物遭盗窃、遭抢劫、遭哄抢、自然损耗、本身缺陷、短少、死亡、腐烂、变质、串味、生锈，动物走失、飞失；保险事故导致的货物减值、运输延迟、营业损失及其他各种间接损失；法律、行政法规禁止运输的货物的损失；车上人员携带的私人物品的损失；违法、违章载运造成的损失。

（3）赔偿处理

①核定赔偿。车上货物因保险事故受损，不论是否经公安机关交通管理部门或其他国家机关指定进行检验或损失评估，被保险人均应会同保险人进行检验，确定损失情况，否则，保险人有权重新核定。因被保险人原因导致损失金额无法确定的，保险人有权拒绝赔偿。

②按比例赔偿和绝对免赔率。承运的货物发生保险责任范围内的损失，保险人按起运地价格在赔偿限额内核定损失。若出险时被保险机动车实际载量超过核定载量，且超载不是事故的直接原因的，保险人按保险机动车核定载量与实际载量的比例承担赔偿责任。保险人根据被保险机动车一方在事故中所承担的责任比例，在符合赔偿规定的金额内实行绝对免赔率：负全部责任的免赔15%，负主要责任的免赔10%，负同等责任的免赔8%，负

次要责任的免赔 5%。单方事故绝对免赔率为 15%。被保险机动车发生保险责任范围内的事故，应由第三方负责赔偿却无法找到第三方的，保险人予以赔偿但在符合赔偿规定的金额内实行 30% 的绝对免赔率。发生保险事故时，被保险机动车实际行驶区域超出保险合同约定区域的，赔偿时应增加 10% 的绝对免赔率。

5. 精神损害抚慰金责任险

投保了机动车第三者责任保险或机动车车上人员责任保险的机动车，可投保本附加险。在投保人仅投保机动车第三者责任保险的基础上附加本附加险时，保险人只负责赔偿第三者的精神损害抚慰金；在投保人仅投保机动车车上人员责任保险的基础上附加本附加险时，保险人只负责赔偿车上人员的精神损害抚慰金。

（1）保险责任

保险期间内，被保险人或其允许的驾驶人在使用被保险机动车的过程中，发生投保的主险约定的保险责任内的事故，造成第三者或车上人员的人身伤亡，受害人据此提出精神损害赔偿请求，保险人依据法院判决及保险合同约定，对应由被保险人或被保险机动车驾驶人支付的精神损害抚慰金，在扣除机动车交通事故责任强制保险应当支付的赔款后，在本保险赔偿限额内负责赔偿。

（2）责任免除

一些精神损害费用，保险人不负责承担：

①根据被保险人与他人的合同协议，应由他人承担的精神损害抚慰金。

②未发生交通事故，仅因第三者或本车人员的惊恐而引起的损害。

③怀孕妇女的流产发生在交通事故发生之日起 30 天以外的。

（3）赔偿限额

每次事故赔偿限额由保险人和投保人在投保时协商确定。

（4）赔偿处理

赔偿金额依据生效法律文书或当事人达成且经保险人认可的赔付协议，在保险单所载明的赔偿限额内计算赔偿。

▶▶ **课中实践**

■ **知识测评（判断题，正确的画"√"，错误的画"×"）**

题号	题干	答案	知识链接
1	附加险条款的法律效力优于主险条款		知识点 1
2	在投保了主险的基础上可以投保附加险		知识点 1
3	除附加险条款另有约定外，主险中的责任免除、双方义务同样适用于附加险		知识点 2

二　工作任务

1. 任务分组

班级		组号		指导老师	
组长		承担任务			
组员及分工					
姓名	承担任务		姓名	承担任务	

2. 任务实践

目标要求	1. 认识附加险 2. 认识机动车保险主险和附加险的关系 3. 回答任务案例中的问题，增强对附加险的认知
时间要求	30 分钟
方法说明	可以采取小组讨论、查询资料的方法来完成
实践具体内容	

序号	活动内容	活动记录
1	案例分析	(1)投保车身划痕损失险的要求： 投保人在投保了_____后，方可投保车身划痕损失险 (2)在任务案例中，黄先生的爱车被自己儿子划伤，属于哪一种车身划痕损失险责任免除的情形？ □被保险人及其家庭成员、驾驶人及其家庭成员的故意行为造成的损失 □因投保人、被保险人与他人的民事、经济纠纷导致的任何损失 □车身表面自然老化、损坏、腐蚀造成的任何损失

续表

2	案例拓展	(1)车身划痕损失险保险金额有 2000 元、5000 元、10 000 元和 20 000 元，保险金额是由投保人和保险人在投保时协商确定的吗？ □是 □不是 原因： (2)在保险期间内，车身划痕损失险累计赔款金额达到保险金额时，保险责任是否终止？ 答案及原因：

3. 实施总结

组内的分工情况	
知识点的运用情况	
存在的问题	
改进的措施	

三 学习目标达成情况

序号	学习内容（知识、技能、行为习惯、职业素养）	目标达成情况			
		了解知道	理解掌握	指导下完成	独立完成
1	机动车附加险的定义				
2	主险与附加险的关系				
3	新增加设备损失险的保险责任				
4	车上货物责任险的定义及责任免除情形				
5	车身划痕损失险的保险责任及保险金额				

▶▶ 课后延伸

一 理论测试

二 任务实施巩固

思维拓展
问题 1
机动车主险与附加险之间的对应关系是怎样的？
问题 2
机动车附加险有哪些特点？

项目三

汽车保险投保与承保

项目描述

投保汽车保险时，投保人需要提供哪些证件？如何来办理呢？特殊情况下是否可以办理退保呢？通过对本项目的学习，我们将了解汽车保险投保、承保、续保和退保的具体流程、注意事项；能够协助客户选择合适的投保方案，计算保费，填写投保单；能够按照规定完成核保和承保工作；在顾客提出退保申请时，能够根据实际情况进行审核，办理相关业务。通过对接实际工作岗位，我们应培养严谨认真、热情服务的职业精神，以实事求是的工作态度助力未来发展。

学习目标

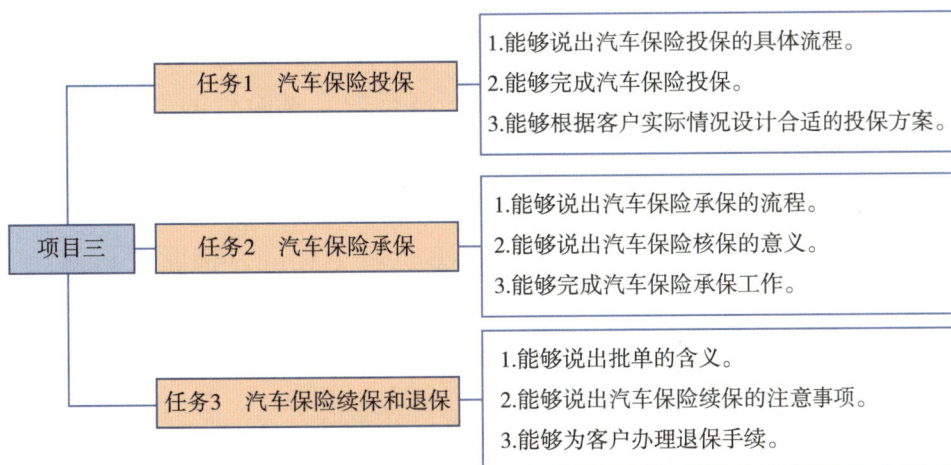

任务1 汽车保险投保	1.能够说出汽车保险投保的具体流程。 2.能够完成汽车保险投保。 3.能够根据客户实际情况设计合适的投保方案。
任务2 汽车保险承保	1.能够说出汽车保险承保的流程。 2.能够说出汽车保险核保的意义。 3.能够完成汽车保险承保工作。
任务3 汽车保险续保和退保	1.能够说出批单的含义。 2.能够说出汽车保险续保的注意事项。 3.能够为客户办理退保手续。

（项目三）

任务 1　汽车保险投保

任务案例

　　林先生今年 20 岁，刚刚取得了驾照，打算购买一辆价格为 16.5 万元的新车。这辆车既会被用作上下班的代步工具，也会被用于周末时的旅行。提车时，4S 店的工作人员提醒林先生为爱车购买保险，但是林先生对汽车保险投保的流程了解较少，因此感到很迷茫。汽车保险投保的流程是怎样的？应如何完成投保呢？

课前预习

　　同学们，为了顺利完成本次任务，请在课前扫描右侧二维码，查阅资料，开展预习，熟悉相关应知应会知识点，并完成知识点介绍后的测试。

课前学习资料

知识点 1　汽车保险投保的流程

　　汽车保险的投保是指投保人办理保险手续，与保险人（即保险公司）订立保险合同的过程。

　　投保人在选择汽车保险时，应考虑汽车的特征和汽车可能面临的风险，根据实际情况，选择适合自己的保险，并在对汽车保险市场现行的常见险种的保险责任和除外责任进行充分了解后，选择适合自己的投保渠道、保险公司和经纪人，在确定好投保方案和保费后，再进行投保。

　　不同保险公司的经营状况不同，提供的费率也不尽相同。通常，保障范围更广的产品，保险费也会更高。

1. 选择投保渠道

　　目前购买车险的渠道很多，而不同渠道购买保险的成本不同，保险费费率也不同，投保人可根据实际情况选择适合自己的投保渠道。

　　投保渠道主要有六种：专业代理机构、兼业代理机构、保险经纪人、保险公司柜台（或保险公司提供的上门服务）、电话、网络平台。

（1）专业代理机构

专业代理机构是指主营业务为代为售卖保险公司保险产品的保险代理公司。

（2）兼业代理机构

兼业代理机构是指受保险人委托，在从事自身业务的同时，为保险人代办保险业务的单位。4S店是常见的车险兼业代理机构。

（3）保险经纪人

保险经纪人是指基于投保人的利益，为投保人和保险人订立保险合同提供中介服务，并依法收取佣金的单位。在我国保险市场，保险经纪人的发展目前还处于起步阶段，而且较少涉及汽车保险领域。这是因为目前汽车保险的条款和费率相对统一，没有太多可调整的余地。

（4）保险公司柜台

保险公司柜台投保是指投保人亲自到保险公司的对外营业窗口进行投保。

（5）电话

电话投保是指投保人拨打保险公司的服务电话进行投保。

（6）网络平台

网络平台投保是指投保人在保险公司设立的专用网站或电子商务平台上发送投保申请，保险公司在收到申请后电话联系客户的一种投保方式。

2．选择保险公司

在投保时，投保人可以根据自己的喜好、公司的实力及其提供的特色服务来选择保险公司。我们可以从以下六个方面识别保险公司的实力：

第一，是否具有合法经营资格，是否经营车险业务。

第二，信誉及口碑是否良好。

第三，服务网络是否全国化。

第四，车险产品的性价比。

第五，有无费率优惠和无赔款优待。

第六，有无增值服务和个性化服务，即根据客户需要，为客户提供超出常规服务范围的服务，或者采用超出常规的服务方法为客户提供服务，常见的有拖车救援服务、汽车抛锚代送燃油服务、汽车代驾服务、汽车保险会员俱乐部服务、全天候出单服务等。

3．选择投保方案

汽车保险的种类很多。通常，只投保交强险并不能满足投保人对于风险防范的需求。投保人在投保时可根据自身经济实力和实际需求选择合适的险种搭配。而保险公司及保险代理人在开展业务的过程中也应基于客户的需要，不断完善和丰富保险产品，提高业务人员的服务水平，增加人手，以更好地协助客户选择投保方案。

4．计算保险费

（1）计算标准保费

保险费，又称保费，是被保险人投保时向保险人缴付的费用。保险人利用收取的保险费，建立保险基金，对被保险人因保险事故所遭受的损失进行经济补偿。只有在被保险人履行了约定的缴费义务的前提下，保险人才承担保险合同载明的保险责任。常见汽车保险产品的标准保险费计算方法如下。

①车损险。

车损险保费＝基础保费＋保险金额×费率，其中基础保费和费率如表 3.1.1 所示。

表 3.1.1　车损险基础保费和费率

车辆类型		1 年以下		1～2 年		2～6 年		6 年以上	
		基础保费/元	费率	基础保费/元	费率	基础保费/元	费率	基础保费/元	费率
家庭自用车	6 座以下	539	1.28%	513	1.22%	508	1.21%	523	1.24%
	6～10 座	646	1.28%	616	1.22%	609	1.21%	628	1.24%
	10 座以上	646	1.28%	616	1.22%	609	1.21%	628	1.24%
企业非营业客车	6 座以下	335	1.11%	319	1.06%	316	1.05%	325	1.08%
	6～10 座	402	1.05%	383	1.08%	379	0.99%	390	1.02%
	10～20 座	402	1.13%	383	1.00%	379	1.07%	390	1.10%
	20 座以上	419	1.13%	399	1.08%	395	1.07%	407	1.10%

②第三者责任险。

第三者责任险保费如表 3.1.2 所示。

表 3.1.2　第三者责任险保费一览表

车辆类型	责任限额/元	保费/元
6 座以下客车	10 万	1100
	20 万	1300
	50 万	1500
	100 万	1600
	500 万	6000
	1000 万	8000

续表

车辆类型	责任限额/元	保费/元
6座及6座以上客车	10万	1300
	20万	1500
	50万	1700
	100万	1800
	500万	7000
	1000万	9500

③车上人员责任险。

车上人员责任险保费＝驾驶员座位责任限额×费率＋乘员座位责任限额×费率×座位数。其中，驾驶员费率和乘员费率如表3.1.3所示。

表3.1.3 驾驶员和乘员费率

车辆类型		驾驶员费率	乘员费率
家庭自用车	6座以下	0.14%	0.26%
	6～10座	0.39%	0.25%
	10座以上	0.39%	0.25%

④附加险。

附加险保费如表3.1.4所示。

表3.1.4 附加险保费一览表

附加险	保费
车轮单独损失险	20元
新增加设备损失险	保险金额×车损险标准保费/车损险保险金额
车身划痕损失险	约定赔偿限额的1%
车上货物责任险	约定赔偿限额的0.85%
修理期间费用补偿险	约定的最高赔偿天数与日赔偿金额乘积的10%
发动机进水损坏除外特约条款	新车购置价的1%
精神损害抚慰金责任险	约定赔偿限额的0.8%
法定节假日限额翻倍险	年保费为100元

（2）计算实交保费

实际工作中，出于鼓励投保人投保或续保的目的，保险公司常根据经营状况，测算并制定保险费率调整系数，对不同情况的投保人提供不同的优惠政策。

此时，商业险实交保费的计算公式如下：

$$商业险实交保费 = \frac{\sum 基准纯风险保费}{（1-附加费用率）} \times 费率调整系数$$

其中：

附加费用率是指车险附加费用率，是保险人在经营汽车保险业务的过程中所发生的各项费用加上合理利润的总和与纯保费之间的比值，它是车险费用的一个重要组成部分。绝大多数保险公司在车险方面的盈利情况很大一部分取决于车险的附加费用。2020 年 9 月，《关于实施车险综合改革的指导意见》将附加费用率的上限由 35％下调至 25％。

费率调整系数 $C =$ 调整系数 $1 \times$ 调整系数 $2 \times$ 调整系数 $3 \times \cdots \times$ 调整系数 n。调整系数从机动车保险费率调整系数表中查询。

常见的机动车保险费率调整系数如表 3.1.5 所示。

表 3.1.5　机动车保险费率调整系数

费率因子	使用范围	说明	系数值
指定驾驶人 C1	非营运个人车辆	指定驾驶人	0.9
		未指定驾驶人	1
驾驶人年龄 C2	非营运个人车辆	年龄＜25 岁	1.05
		25 岁≤年龄＜30 岁	1
		30 岁≤年龄＜40 岁	0.95
		40 岁≤年龄＜60 岁	1
		年龄≥60 岁	1.05
驾驶人性别 C3	非营运个人车辆	男	1
		女	0.95
驾驶人驾龄 C4	非营运个人车辆	驾龄＜1 年	1.05
		1 年≤驾龄＜3 年	1.02
		驾龄≥3 年	1
行驶区域 C5	所有个人车辆	境内	1
		省内	0.95
	营运个人车辆	固定路线	0.92
平均年行驶里程（公里）C6	所有个人车辆	[0，30 000)	0.9
		[30 000，50 000)	1
		≥50 000	1.1～1.3

费率因子	使用范围	说明	系数值
投保年度 C7	所有个人车辆	首年投保	1
		续保	0.9
交通违法记录 C8	所有个人车辆	上一保险年度无交通违法记录	0.9
		上一保险年度有交通违法记录	1
		发生过一次以下违章行为的： 超速未达 50％的（含）；货车载物超过核定载重量 30％以上的；公路客车载客超过核定载客人数 20％以上的；车辆未经定期检查合格继续使用的；驾驶时拨打或接听手持电话的；违反让行规则的；变更车道影响他人行车安全的 其他违章行为发生 10 次以上的	1.05
		发生过两次以上下列违章行为的： 超速未达 50％的（含）；货车载物超过核定载重量 30％以上的；公路客车载客超过核定载客人数 20％以上的；车辆未经定期检查合格继续使用的；驾驶时拨打或接听手持电话的；违反让行规则的；变更车道影响他人行车安全的	1.1
		发生过一次以上下列违章行为的： 超速超过 50％以上的；违反交通信号灯指示通行的；逆向驾驶的；饮酒后驾驶（营运）机动车辆的；醉酒后驾驶车辆的	
以往保险年度索赔记录 C9	所有个人车辆	连续三年及以上无赔款记录	0.7
		连续两年无赔款记录	0.8
		上年无赔款记录	0.9
		上年发生两次及以下赔款或首年投保	1
		上年发生三次赔款	1.1
		上年发生四次赔款	1.2
		上年发生五次及以上赔款	1.3
多险别投保优惠 C10	所有个人车辆	同时投保车辆损失险及商业第三者责任险的，所有险别最高优惠 5％	0.95～1
车辆损失险车型 C11	所有个人车辆	老、旧、新、特车型	1.3～2.0

机动车商业险投保人实际缴纳的保费由基准保费与自主核保系数、自主渠道系数、无赔款优待系数、交通违法系数四个费率浮动因子连乘得出。

其中，无赔款优待系数由行业车险信息平台根据投保车辆近三年的出险情况确定；自主核保系数和自主渠道系数由保险公司测算确定；交通违法系数根据车主交通违法行为记录确定。

这一保费核算机制不仅能够实现不同车型的费率水平与车辆风险水平之间的合理匹配，以及消费者保费负担与个人风险水平之间的合理匹配，还能有效引导车主遵守交通规则、安全驾驶，降低事故发生频率，提高城市道路交通安全管理水平。

5. 填写投保单

投保人购买保险时，首先要提出投保申请，填写投保单并交给保险人。投保单是投保人向保险公司递交的申请书，是保险公司核保的依据。投保人应在保险公司业务人员的指导下认真填写，填写投保单时需要注意以下事项。

①应由投保人或被保险人亲自填写，并签字确认。

②应如实填写各项内容，如有不实告知情况，保险公司有权解除保险合同。

③应详细填写各项内容，不空项，认真填写通信地址、邮编及各种通信方式，以便保险公司随时联系。

特别提示：

①投保单中各项信息必须填写完整。

②准确填写要求投保的产品名称、保险金额及相关信息。

③投保人及被保险人应如实回答投保单上列出的问题，对投保单上要求提供详细情况的问题，应在投保单备注栏中注明详情并提供相关的书面材料。

④投保人在填写完毕后，应对所填写的内容进行复核，确认内容真实完善，并在签名区域亲笔签名。

6. 缴纳保险费

投保单经保险公司审核通过后，保险公司就会向投保人收取保险费。此时，投保人应在规定时间内足额缴纳保险费，如有特殊情况无法按时缴纳的，也应按照保险合同的相关约定，及时与保险公司沟通。

7. 领取保险单

保险单是保险人与投保人订立合同的书面证明。投保人在领取保险单、证后，应妥善保管并随车携带，以便出险时能够及时、准确报案。

随着科技的不断发展，越来越多的行业开始向数字化转型，保险行业也不例外。近年来，电子保单的实行已经成为车险行业趋势，许多地区开始普及电子保单。车险电子保单是由保险公司向车险消费者签发的、以数据电文形式存在的、证明车险合同关系的电子文件。将传统纸质保险合同以具备同等法律效力的数据电文的形式呈现，具有便捷、高效、加密、防伪、防篡改、低碳环保等多项核心优势。目前常用的电子单证包括车险电子投保单、电子保单、车险电子批单和电子交强险标志。

实行电子保单后，车主投保可在手机上进行，而对于生成的相关文件，车主可通过承保公司官网、微信公众号等渠道查询验证。同时，电子保单具备交互应用的能力，可覆盖保险业务办理和交警部门执法等场景。在路面执勤执法、处理交通事故等情况下，交警可查验交强险数据。如投保状态正常，司机可凭借交强险电子保单，免于携带和放置保险标志。

知识点 2　汽车保险的投保方案

除作为强制责任险、所有车辆都必须投保的交强险外，其他险种的投保情况很大程度上依赖于车主（投保人）的经济状况，车主可根据自己的经济实力与实际需求有选择地进行投保。

以下推荐五种机动车保险方案。

1. 最低保障型

险种组合：交强险。

保障范围：第三者的损失。

保险分析：交强险属依法强制保险，必须投保，投保费用低，能够对第三者中的人员死亡及伤残进行保障等，由交管部门备案。

缺点：交强险对第三者中的物品损坏及人员轻伤保障的额度不高，一旦发生交通事故，对方只能得到保险公司分项限额以内的赔偿，且自己车辆的损失只能自己承担。

适用对象：急于上牌照或通过年检的个人，驾驶经验丰富且开车稳重的车主，中低档老车。

2. 基本保障型

险种组合：车损险＋交强险。

保障范围：交通事故中造成的第三者人和物的损失，由自然灾害和意外事故造成的车辆自身损失。

保险分析：车辆损坏和第三者损失是车辆使用过程中最容易遇到的两种风险，对于保费预算较低的投保人，在投保了交强险、第三者责任方面有了一定保障的基础上，可以适当投保一定金额的车损险，在预算充裕后再根据情况适当补充其他险种。

缺点：交强险的单项责任限额最高只有 18 万元，保障能力有限。

适用对象：经济压力较大，保费预算不充分的投保人。

3. 经济保障型

险种组合：交强险＋车损险＋第三者责任险。

保障范围：交通事故中造成的第三者人和物的损失，由自然灾害和意外事故造成的车辆自身损失。

保险分析：虽然已购买交强险，但由于交强险的保障能力有限，难以应对重大人员伤亡事故，因此车主一般还应购买第三者责任险，购买额度可以根据自己的驾驶技术和经验确定，对于经验丰富的司机，可以考虑少买或不买，对于经验不足的新手，第三者责任险应该属于必买之列。

适用对象：注重基本保障又不想支出过多保费的投保人。

4. 最佳保障型

险种组合：交强险＋车损险＋第三者责任险＋车上人员责任险。

保障范围：交通事故中造成的第三者人和物的损失，由自然灾害和意外事故造成的车辆自身损失，本车车上人员的人身伤亡。

保险分析：此方案组合了最有价值的险种，性价比最高。

适用对象：保障全面且精打细算的投保人。

5. 完全保障型

险种组合：交强险＋车损险＋第三者责任险＋车上人员责任险＋附加医保外医疗费用责任险＋附加车身划痕损失险＋附加车轮单独损失险。

保障范围：交通事故中造成的第三者人和物的损失，医保外医疗费用，由自然灾害和意外事故造成的车辆自身损失(包括车身划痕和车轮单独损坏)，本车车上人员的人身伤亡。

保险分析：能保的险种全部投保，从容上路，基本不必担心交通状况带来的各种风险。

适用对象：公司用车，新司机，新车。

▶▶ 课中实践

一　知识测评(判断题，正确的画"√"，错误的画"×")

题号	题干	答案	知识链接
1	无论选择什么样的渠道购买，汽车保险的保费都是一样的		知识点1
2	汽车保险的投保可以在网络平台上进行		知识点1
3	个性化服务是选择汽车保险公司的一个重要指标		知识点1
4	车损险保费会随着车辆使用年限的变化而变化		知识点1
5	机动车保险的费率是可调的		知识点1
6	机动车保险的费率与驾驶人的交通违法情况相关联		知识点1
7	机动车保险的费率与上一年度的赔款次数相关联		知识点1
8	汽车保险的保单在保险人签字后生效		知识点1
9	车险电子保单已逐步取代纸质保单		知识点1
10	车主可依据自身实际情况选择合适的商业险		知识点2
11	最佳保障型保险方案性价比相对较高		知识点2
12	汽车保险投保方案一旦选定，不可随意删减或增加		知识点2

二 工作任务

1. 任务分组

班级		组号		指导老师	
组长		承担任务			
组员及分工					
姓名	承担任务		姓名		承担任务

2. 任务实践

目标要求	从投保人对风险保障的需求出发，合理地设计保险方案，帮助林先生完成投保
时间要求	40分钟
方法说明	可以采取小组讨论、查询资料的方法来完成

实践具体内容		
序号	活动内容	活动记录
1	选择投保渠道	□专业代理机构　□兼业代理机构 □保险经纪人　□保险公司柜台(或上门服务) □电话　□网络平台
2	选择保险公司	最终确定的保险公司为：＿＿＿＿＿＿＿＿＿＿
3	确定投保方案	根据林先生的实际情况，分析适合他的投保方案： □最低保障型　□基本保障型 □经济保障型　□最佳保障型 □完全保障型
4	计算保费	(1)交强险保费为＿＿＿＿＿＿＿＿＿＿＿ (2)商业险保费为＿＿＿＿＿＿＿＿＿＿＿
5	填写投保单	根据车主实际情况填写下方的投保单

附表：投保单

投保情况	投保情况	□新保　□续保	上年投保公司	
	上年保单号		到期时间	
被保险人	姓名		身份证号码	
	法人或其他组织名称		组织机构代码	
	通信地址		邮政编码	
	联系人		联系电话	

投保车辆情况	车牌号码		境外号牌		号牌底色	
	厂牌型号		车辆种类		车架号	
	发动机号		排气量		车辆颜色	
	VIN 码		座位/吨位		初登日期	
	使用性质	□营业　□非营业		防盗装置	□电子防盗装置　□机械防盗装置　□无	
	所属性质	□机关　□企业　□个人		固定车位	□有　□无	
	行驶区域	□省内　□国内　□出入港澳		安全装置	□安全气囊　□ABS 系统　□无安全装置	

主驾驶人资料	姓名：　　性别：□男　□女　婚姻状况：□已婚　□未婚　初领驾证时间：　年　月　日
	身份证号码：
	近三年肇事记录：□无　□一次　□两次　□三次及以上　违章记录：□无　□一次　□两次　□三次及以上

副驾驶人资料	姓名：　　性别：□男　□女　婚姻状况：□已婚　□未婚　初领驾证时间：　年　月　日
	身份证号码：
	近三年肇事记录：□无　□一次　□二次　□三次及以上　违章记录：□无　□一次　□两次　□三次及以上

基本险	车辆损失险				第三者责任险	
	新车购置价	保险金额	费率	保险费小计	赔偿限额	保险费小计
	驾驶员座位责任险			乘客座位责任险		
	赔偿限额		保险费小计	赔偿限额		保险费小计

	险种	保险金额（赔偿限额）	费率	保险费小计
附加险	车轮单独损失险			
	新增加设备损失险			
	车身划痕损失险			
	修理期间费用补偿险			
	车上货物责任险			
	精神损害抚慰金责任险			
	法定节假日限额翻倍险			
特约条款	条款	条款内容		
	绝对免赔率特约条款			
	发动机进水损坏除外特约条款			
	机动车增值服务特约条款			

保险期限：　自　年　月　日　　时起至　年　月　日　　时止

特别约定：

3. 实施总结

组内的分工情况	
知识点的运用情况	
存在的问题	
改进的措施	

三　学习目标达成情况

序号	学习内容（知识、技能、行为习惯、职业素养）	目标达成情况			
		了解知道	理解掌握	指导下完成	独立完成
1	汽车保险投保的渠道				
2	汽车保险投保方案的设计				
3	保险费的计算				
4	投保单的填写				
5	车险电子保单的优势				

▶▶ 课后延伸

一 理论测试

二 任务实施巩固

思维拓展	
问题1	车险投保是不是越全越好？如何有针对性地设计投保方案？
问题2	使用电子保单时，如不小心遗失，应如何处理？

任务2　汽车保险承保

任务案例

　　林先生在购买新车后，选好了保险公司，选定了投保方案，填写了投保单。在接到林先生的投保申请后，保险公司的承保流程是怎样的？保险公司的业务人员应如何完成车险的承保工作？

课前预习

　　同学们，为了顺利完成本次任务，请在课前扫描右侧二维码，查阅资料，开展预习，熟悉相关应知应会知识点，并完成知识点介绍后的测试。

课前学习资料

知识点 1　汽车保险承保的流程

　　汽车保险承保实质上是保险双方当事人达成协议、订立保险合同的过程，其一般流程如图 3.2.1 所示。

　　①业务人员向投保人介绍保险条款，履行明确说明义务。

　　②业务人员依据保险标的的性质和投保人的特点制定保险方案。

　　③业务人员计算保险费，提醒投保人履行如实告知义务。

　　④业务人员提供投保单，指导投保人填写投保单。

　　⑤业务人员检验保险标的，检查保险单上信息的真实性。

　　⑥业务人员将投保信息录入业务系统，此时系统将自动产生投保单号，业务人员复核投保单，确认信息无误后通过网络将投保单提交给核保人员。

　　⑦核保人员根据公司的规定完成核保，并通过网络将核保意见反馈给业务人员。核保通过后，业务人员收取保费，出具保险单，对于需要送单的投保人，由送单人员递送保险单及相关单证。

　　⑧承保完成后，业务人员对数据进行处理，并定期进行客户回访。

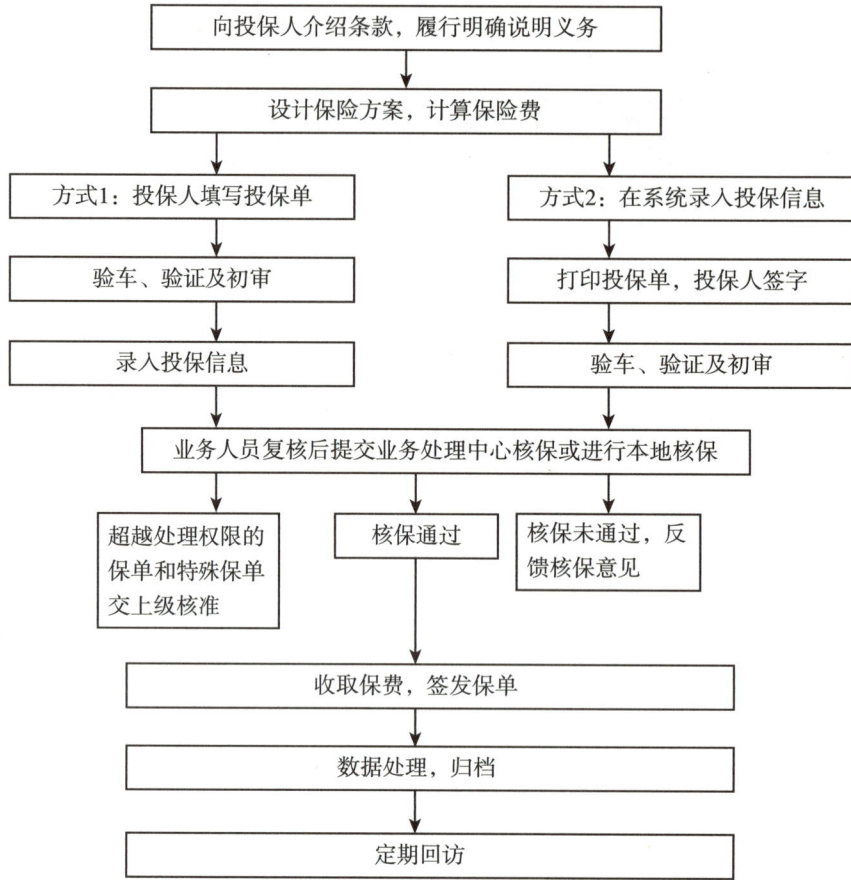

图 3.2.1 汽车保险承保流程

🚗 知 识 点 2 核保

保险人在承保前必须核保。所谓核保，就是保险人在承保前，对保险标的的各种风险情况加以审核与评估，从而决定是否承保、承保条件与保险费率的过程。

核保时，保险人应审核投保单。如果符合保险条件则保险人在投保单上签章，作出对投保人的承诺并承保，投保人在支付保险费后会得到保险人签发的保险单。如果不符合保险条件，则保险人会提出加费要求或拒绝承保，并将投保单退回给投保人。

核保时，原则上保险人应采取两级核保制度，即先由展业人员、保险经纪人、代理人进行初步核保，然后由核保人员复核，决定是否承保、承保条件及保险费率等。

1. 核保的意义

（1）排除道德风险

订立保险合同的两方之间一般会存在信息不对称的问题。对标的的情况和相关风险，投保人和被保险人比较了解，但保险人却难以完全知晓。由于种种原因，有关标的的完整、精确信息始终不能为保险人所全部获悉，而这可能导致投保人和被保险人的道德风险，从而给保险公司经营带来极大的潜在风险。保险公司通过建立核保制度，安排资深人员运用专业技术和丰富经验对保险标的进行风险评估，能最大限度地解决信息不对称问题，排除道德风险，从而能有效降低保险欺诈案件的发生率。

（2）确保业务质量，实现稳定经营

保险公司要实现稳定经营，关键在于控制承保质量。但业务争取和业务选择之间存在矛盾，业务争取是保量，业务选择是保质。量是保险业务开展的基础，只有数量充足才能发挥出保险分散风险的作用，才能建立雄厚的保险基金。但随着业务量的增大，风险也会增多，因此必须通过核保来保证业务质量，降低经营风险。

（3）提供专业的高质量服务

核保工作的核心是对承保风险进行专业评估，保险公司通过核保工作能够为客户提供全面、专业的风险管理建议，从而实现最有效的防灾防损。

（4）为保险中介市场的发展和完善创造必要的前提条件

由于不同保险中介组织在经营目的、价值取向、从业人员的水平等方面存在较大差异，保险公司在充分利用保险中介机构发展业务的同时，更需要加强对中介组织的管理。核保制度是控制中介组织业务质量的重要手段，核保制度的建立和完善，为保险中介市场的发展和完善创造了必要的前提条件。

2. 核保的主要内容

（1）审查投保单

核保时，核保人员应检查投保单中的各项内容是否完整、是否清楚、是否准确，判断投保单上的信息准确与否，这些主要通过检查各种证件来进行。

（2）查验车辆

查验车辆包括验证和验车，由业务人员负责。验证、验车是防范道德风险的有效措施。对规定必须验车后方能承保的业务，业务人员必须验车，按要求拍摄验车照片，并于当天将照片上传到影像系统。

验证包括：查验证件是否真实、有效；检查车辆是否具备公安机关交通管理部门派发的年检合格证；检查证件中的车辆是否与投保标的相符；确定车辆使用性质和初次登记日期。

验车是指由业务人员对投保的车辆进行实地检验。验车主要包括：检验车辆号牌、车型、发动机及车架号码等是否与机动车行驶证上的记录一致，拍摄或拓印发动机号码、VIN 号码和车架号码等相关号码；检查车辆内外有无破损；若投保人在投保单上填写了安全装置或新增设备，则检验情况是否属实；记录车辆行驶里程，确定里程表读数是否与实际行驶里程一致，若不一致，记录实际行驶里程。

验车拍照时，原则上应拍摄至少五张照片，包括四张车身照片和一张车架号照片，实际操作时可分别拍摄车身左前、右前、左后、右后的照片，即在车身前后左右的 45°角处拍摄照片。照片应清晰反映前后车牌和前后车标的状况、车辆整体实貌，以及车辆本身已存在的损失情况。对于在整体照片中无法清晰体现的局部损失，可以补充拍摄局部照片。此外，验车人员还应清晰地拍下车架号码，如果相机无法显示日期，还需要拍摄当天报纸与车牌号或车架号的合照。

车辆查验人员原则上由业务人员、查勘定损人员、核保人员、出单内勤兼任，是验车承保的直接责任人，对验车行为的真实性和有效性负直接责任。

（3）核定保险费率

车辆查验人员应根据投保单上所列的车辆情况和保险公司机动车辆保险的费率标准、费率规章，确定投保车辆的保险费率。核定保险费率时，主要应核实车辆的使用性质、类型、价格、车龄、驾驶员等相关信息。

（4）计算保费

保费的计算通过各险种保费的计算公式进行。核算保费也是核保工作的要点之一，核保人员应认真对待。

3. 有关验车承保的规定

（1）有下列情形之一的车辆应验车承保

①第一次投保车辆损失险或者其附加险的车辆。

②未按期续保、脱保的车辆。

③中途申请加保车辆损失险或者其附加险的车辆。

④车龄超过 10 年的车辆投保车辆损失险。

⑤行驶证车主为个人的、载量为 1.5 吨以下的非营业货车，投保车辆损失险或者其附加险。

⑥保险期间内中途申请扩大行驶区域的车辆。

⑦保险期间内中途申请增加保险金额的车辆。

⑧核保人认为需要验车的其他情况。

（2）符合以下条件的车辆可以免验

①仅承保第三者责任险或者其附加险的车辆。

②上年度已承保车辆损失险或者其附加险，且按期续保（保额未增加）的车辆，可在提供上年度保险单后免验。

③一次投保 30 辆以上的机关、事业单位团体或者招标业务。

符合免验条件的车辆，如根据实际情况，核保人员认为有必要验车，应按核保人员的要求验车。

▶▶ 课中实践

一　知识测评（判断题，正确的画"√"，错误的画"×"）

题号	题干	答案	知识链接
1	汽车保险的承保工作由保险人来完成		知识点 1
2	汽车保险承保时无须复核		知识点 1
3	汽车保险的承保工作完成后，业务人员需要定期对客户进行电话回访		知识点 1

续表

题号	题干	答案	知识链接
4	如果不符合保险条件，则保险人有权拒绝承保		知识点 1
5	核保的目的是控制风险，提高承保质量，确保汽车保险的经营效益		知识点 2
6	核保工作的核心是对承保收益进行评估		知识点 2
7	核保时既要审查投保单，又要进行验车、验证		知识点 2
8	查验车辆包括验证和验车，由业务人员负责		知识点 2
9	核保时需要查验车主证件是否真实、有效		知识点 2
10	符合免验条件的车辆，如根据实际情况，核保人员认为有必要验车，应按核保人员的要求验车		知识点 2
11	有关标的的完整、精确信息始终不能为保险人所全部获悉，而这可能导致投保人或被保险人的道德风险		知识点 2

二　工作任务

1. 任务分组

班级		组号		指导老师	
组长		承担任务			
组员及分工					
姓名	承担任务		姓名	承担任务	

2. 任务实践

目标要求	根据林先生车辆的情况，进行模拟验车，完成承保工作
时间要求	35 分钟
方法说明	可以采取小组讨论、查询资料的方法来完成
实践具体内容	

序号	活动内容	活动记录
1	熟悉承保的一般流程	(1)业务人员向投保人介绍_____，履行明确说明义务 (2)业务人员依据保险标的的性质、投保人特点制定_____ (3)业务人员计算_____，提醒投保人履行如实告知义务 (4)业务人员提供_____，指导投保人填写_____

续表

2	了解核保的主要内容	(1)审查_____ (2)验证包括：_____；检查车辆是否具备公安机关交通管理部门派发的年检合格证；_____；确定车辆使用性质和初次登记日期 (3)验车包括：检验车辆____、车型、发动机及车架号码等是否与机动车行驶证上的记录一致，拍摄或拓印_____；检查车辆内外有无破损；若投保人在投保单上填写了安全装置或新增设备，则检验_____；记录车辆实际行驶里程
3	进行电话回访	进行电话回访时需要确认哪些信息？ □客户的基本信息是否与保单上的信息一致 □保单上的签名是否为投保人的亲笔签名 □客户是否了解所购买保险产品的保险责任及理赔条款 □客户是否清楚投资类的保险产品应承担的风险责任 □客户对该份保单犹豫期内的权益是否了解 □客户对该份保单的缴费方式、缴费期间、保障期间、缴费金额、基本保额等信息是否清楚 □客户是否了解等待期后退保会对其造成的损失
4	填写验车单	以林先生的基本信息和车辆信息为依据，在下方的验车单中记录相关信息

附表：验车单

被保险人名称：			
行驶证车主名称：			
厂牌型号：		车身颜色：	
车牌号码：		初登日期：　　年　月　日	
发动机号：		车架号：	
车载项目	配置状况(请在栏内打✓)		
	有	无	
ABS 装置			
安全气囊			
自动变速箱			
前(后)防撞杠			
其他装置：			
防盗装置：□无　□有	类型：		

续表

车辆检验情况：	
验车地点：	
验车人：	验车时间：　　　年　月　日
核保人员意见： 核保人员签字： 日期：	

3. 实施总结

组内的分工情况	
知识点的运用情况	
存在的问题	
改进的措施	

三　学习目标达成情况

序号	学习内容（知识、技能、行为习惯、职业素养）	目标达成情况			
		了解知道	理解掌握	指导下完成	独立完成
1	核保的必要性				
2	核保的流程				
3	核保的主要内容				
4	验车的工作内容				

课后延伸

一　理论测试

二 任务实施巩固

思维拓展	
问题 1	投保和核保环节体现了什么原则？ □最大诚信原则　□保险利益原则　□近因原则　□损失补偿原则
问题 2	什么情况下需要对标的车辆进行验车？

任务 3　汽车保险续保和退保

任务案例

　　余女士最近打算购买一辆新车，并准备把正在使用的旧车卖掉，可是她 3 个月前刚为这辆旧车购买了保险，这时她应该如何处理旧车的保单呢？

课前预习

　　同学们，为了顺利完成本次任务，请在课前扫描右侧二维码，查阅资料，开展预习，熟悉相关应知应会知识点，并完成知识点介绍后的测试。

课前学习资料

知识点 1　保单批改

　　在保险单证签发后，为对保险合同的内容进行修改、补充或增删而进行的一系列的操作称为批改。批改后保险人签发的批改保险单内容书面证明，称为批单。

　　根据《中华人民共和国保险法》和各公司机动车辆保险条款的规定，在保险合同有效期内，合同主体、客体与内容变更时，被保险人应事先书面通知保险人并办理批改手续。常见的内容变更情况包括以下几种：

　　①被保险人变更。

　　②保险车辆危险程度增减。

　　③保险车辆使用性质变更。

　　④所有险种提前退保。

　　⑤保险金额增减。

　　⑥部分险种加保或退保。

　　⑦增加、减少、变更约定驾驶员。

　　⑧保险费变更、保险期间变更以及其他变更事项。

　　以上这些情况变化时，被保险人都需办理批改手续。为引起被保险人注意，一般汽车保险单上都会注明"本保险单所载事项如有变更，被保险人应立即向本公司办理批改手续，否则如有任何意外事故发生，本公司不负赔偿责任"等字样。

　　被保险人申请批改保单信息时，应提交带有被保险人签字盖章的批改申请书，且该批改申请书的内容应合法、合规，批改的事项不得与保险合同条款冲突。对不同类型的批改，被保险人应按要求提供报废证明、报停证明、过户证明、行驶证、单位证明、协议、身份证、上年保单等。

批改的程序：由被保险人填具批改申请书，写明要求修改的保险合同项目和修改原因；保险人在审核同意后，出具批单并将其粘贴于保险单正本背面，出具存执并交投保人留存，批改保险单上的内容，并在变动处加盖保险人业务专用章。批改程序完成后，新的保险合同即生效。

批改效力的一般规定：批改的效力优于原文；如存在多次批改，最近一次批改的效力优于之前的批改；手写批改的效力优于打印批改。

提示：批改必须在保险单有效期内进行，不允许先出险后投保（倒签单），也不允许对已到期的保单进行批改。

知识点 2　续保

续保是指在原有保险合同即将期满时，投保人在原有保险合同的基础上向保险人提出继续投保的申请，保险人根据投保人的实际情况，对原保险合同条件稍加修改后继续承保的行为。

续保注意事项：

①续保业务一般在原保险到期前一个月开始办理，为防止续保业务办理后至原保险单到期前的这段时间发生保险责任事故，续保通知书内应注明"出单前，如有保险责任事故发生，应重新计算保险费；全年无保险责任事故发生，可享受无赔款优待"等字样。

②及时对保险标的进行二次审核。如果保险标的的危险程度有变化，应对保险费率做出相应调整。保险人应根据上一年的经营状况，对承保条件及费率进行适当调整。

知识点 3　退保

退保是指在保险合同没有完全履行时，经投保人申请、保险人同意，解除双方由合同确定的法律关系，保险人按照《中华人民共和国保险法》及合同的约定退还保险单的现金价值的行为。投保人于保险合同成立后，即可以通过书面通知要求解除保险合同，保险人在接到解除合同申请书之日起，即被视为接受退保申请，保险责任终止。

1. 交强险退保

机动车交通事故责任强制保险合同中规定，投保人不得解除机动车交通事故责任强制保险合同，但有下列情形之一的除外。

①被保险机动车被依法注销登记的。

②被保险机动车办理停驶的。

③被保险机动车经公安机关证实丢失的。

合同解除时，保险公司可以收取自保险责任开始之日起至合同解除之日止的保险费，剩余部分的保险费退还投保人。

2. 商业险退保

(1)商业险退保流程

①退保人填写退保申请书，说明退保原因和退保时间，在申请书上签字或盖公章，并将申请书递交给保险公司。

②保险公司审核并同意退保后出具退保批单，批单上注明退保时间及应退保费金额，并从退保人手中收回汽车保险单。

③退保人领取应退保险费。退保人可持退保批单和身份证到保险公司的财务部门领取。

(2)退保条件

需退保车辆的保险单必须在有效期内，且在保单有效期内，该车辆没有向保险公司报案或索赔。从保险公司处得到过赔偿的车辆不能退保；仅向保险公司报案，而未得到赔偿的车辆也不能退保。

退保所需单证如下。

①退保申请书。

②保险单原件。若保险单丢失，则需事先补办。

③保险费发票。

④被保险人的身份证明。

⑤证明退保原因的文件。因车辆报废而退保，退保人需提供报废证明；因车辆转卖他人而退保，退保人需提供过户证明；因重复保险而退保，退保人需提供相重复的两份保险单。

3. 应退保险费的计算方法

(1)交强险

①因重复投保交强险而解除合同的，退保人需提供重复投保的保单。此时只能解除保险起期在后面的保险单，保险公司应全额退还保费。

②符合交强险退保规定，但保险责任尚未开始的，保险公司应全额退还保险费；保险责任开始后要求退保的，保险公司按日费率收取短期保费，余下的退还给投保人。

(2)商业险

①投保人对保险标的无可保利益、合同非法导致合同无效的，以及保险责任开始前退保的，保险公司按保单保费的3%扣除手续费，余下的退还给投保人。

②保险责任开始后，投保人要求退保的，按日费率收取短期保费，余下的退还给投保人。

课中实践

一　知识测评(判断题，正确的画"√"，错误的画"×")

题号	题干	答案	知识链接
1	为对保险合同内容进行修改、补充或增删而进行的一系列操作称为批单		知识点1
2	在保险合同有效期内，合同主体、客体与内容变更时，被保险人应事先书面通知保险人并办理批改手续		知识点1
3	办理批改手续的汽车保险单上都有"本保险单所载事项如有变更，被保险人应立即向本公司办理批改手续，否则如有任何意外事故发生，本公司不负赔偿责任"字样		知识点1
4	保险到期前一个月左右可以办理续保		知识点2
5	续保必须选择同一家保险公司		知识点2
6	续保时，保险费率是不变的		知识点2
7	在保险单有效期内，不可以办理汽车保险的退保手续		知识点3
8	只有商业险可办理退保		知识点3
9	汽车保险退保时按日退费		知识点3
10	办理汽车保险退保时需提供相关材料		知识点3

二　工作任务

1. 任务分组

班级		组号		指导老师	
组长		承担任务			
组员及分工					
姓名	承担任务		姓名		承担任务

2. 任务实践

目标要求	帮助余女士办理商业险退保手续，并向其解释交强险无法退费的原因
时间要求	30分钟
方法说明	可以采取小组讨论、查询资料的方法来完成

实践具体内容		
序号	活动内容	活动记录
1	递交退保申请	退保人向保险公司递交退保申请书，申请书中应说明_____和_____
2	交强险退保	(1)交强险退保的情况包括哪些？ □被保险机动车被依法注销登记的 □被保险机动车办理停驶的 □被保险机动车经公安机关证实丢失的 (2)余女士是否可以办理交强险退保？
3	商业险退保	(1)如果车险投保人要退保，必须符合的条件包括： □车辆的保险单必须在有效期内 □在保单有效期内，该车辆没有向保险公司报案或索赔过 (2)退保所需单证包括： □退保申请书　□保险单原件(若保险单丢失，则需事先补办) □保险费发票　□被保险人的身份证明 (3)投保人对保险标的无可保利益、合同非法导致合同无效的，以及保险责任开始前退保的，保险公司按保单保费的_____扣除手续费，余下的退还给投保人 (4)保险责任开始后投保人要求退保的，保险公司按_____收取短期保费，余下的退还给投保人

3. 实施总结

组内的分工情况	
知识点的运用情况	
存在的问题	
改进的措施	

三　学习目标达成情况

序号	学习内容(知识、技能、行为习惯、职业素养)	目标达成情况			
		了解 知道	理解 掌握	指导下 完成	独立 完成
1	办理汽车保险批改所需的材料				
2	汽车保险续保				
3	汽车保险退保的流程				

课后延伸

一　理论测试

二　任务实施巩固

思维拓展	
问题1	什么是汽车保险展业?展业的目的是什么?保险公司在展业时可以通过哪些方法和技巧增加客户续保率?
问题2	汽车保险"随车不随人"是什么意思?具体是如何规定的?

项目四

汽车保险理赔

项目描述

"天有不测风云,人有旦夕祸福。"发生交通事故的风险是普遍存在的。汽车发生交通事故后,车主一般会向保险公司申请理赔,那么汽车保险应如何理赔呢?

通过对本项目的学习,我们将了解报案受理流程、事故现场查勘方法、损失评估办法、理赔计算公式和核赔结案流程;能够进行事故现场查勘和事故损失评估,能够运用理赔计算公式计算赔款,能够完成核赔和结案工作;树立依法理赔的理念,养成良好的职业道德,培养诚信严谨的工作态度。

学习目标

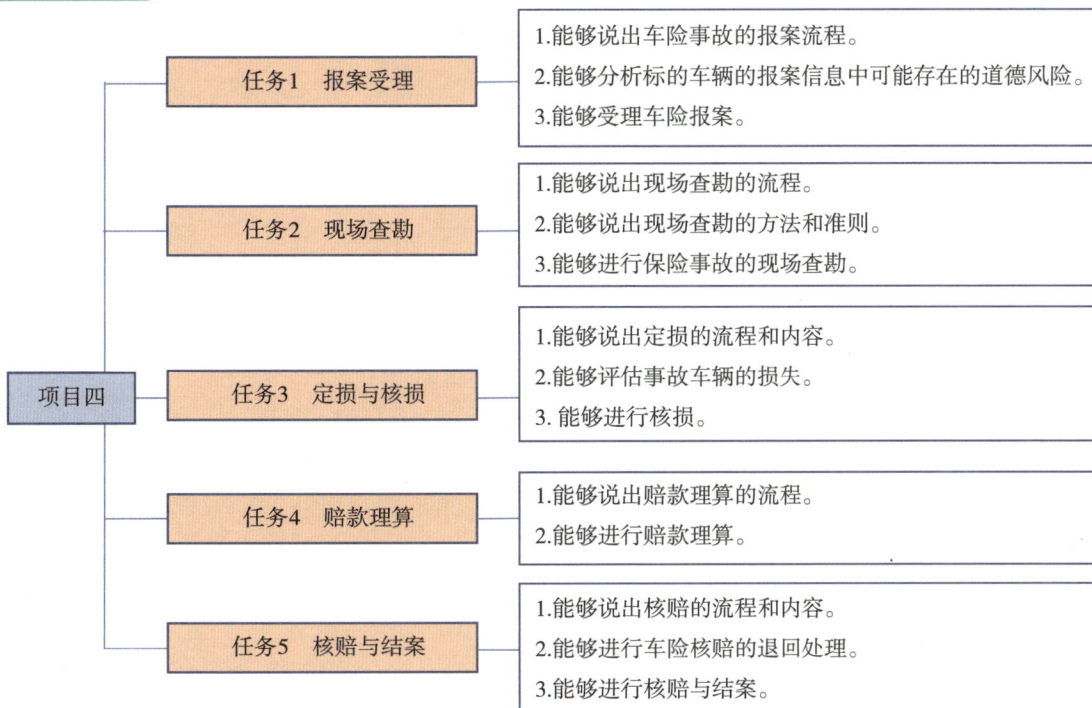

项目四	任务1 报案受理	1.能够说出车险事故的报案流程。 2.能够分析标的车辆的报案信息中可能存在的道德风险。 3.能够受理车险报案。
	任务2 现场查勘	1.能够说出现场查勘的流程。 2.能够说出现场查勘的方法和准则。 3.能够进行保险事故的现场查勘。
	任务3 定损与核损	1.能够说出定损的流程和内容。 2.能够评估事故车辆的损失。 3.能够进行核损。
	任务4 赔款理算	1.能够说出赔款理算的流程。 2.能够进行赔款理算。
	任务5 核赔与结案	1.能够说出核赔的流程和内容。 2.能够进行车险核赔的退回处理。 3.能够进行核赔与结案。

购买汽车保险后，标的车辆发生的风险事故即构成保险事故，保险事故包括交通事故和非交通事故。交通事故发生后，当事人应第一时间拨打道路交通事故报警电话 122 报案，如果交通事故造成人员受伤，还应尽快拨打 120 急救电话，同时向保险公司报案。汽车保险理赔流程如图 4.0.1 所示。

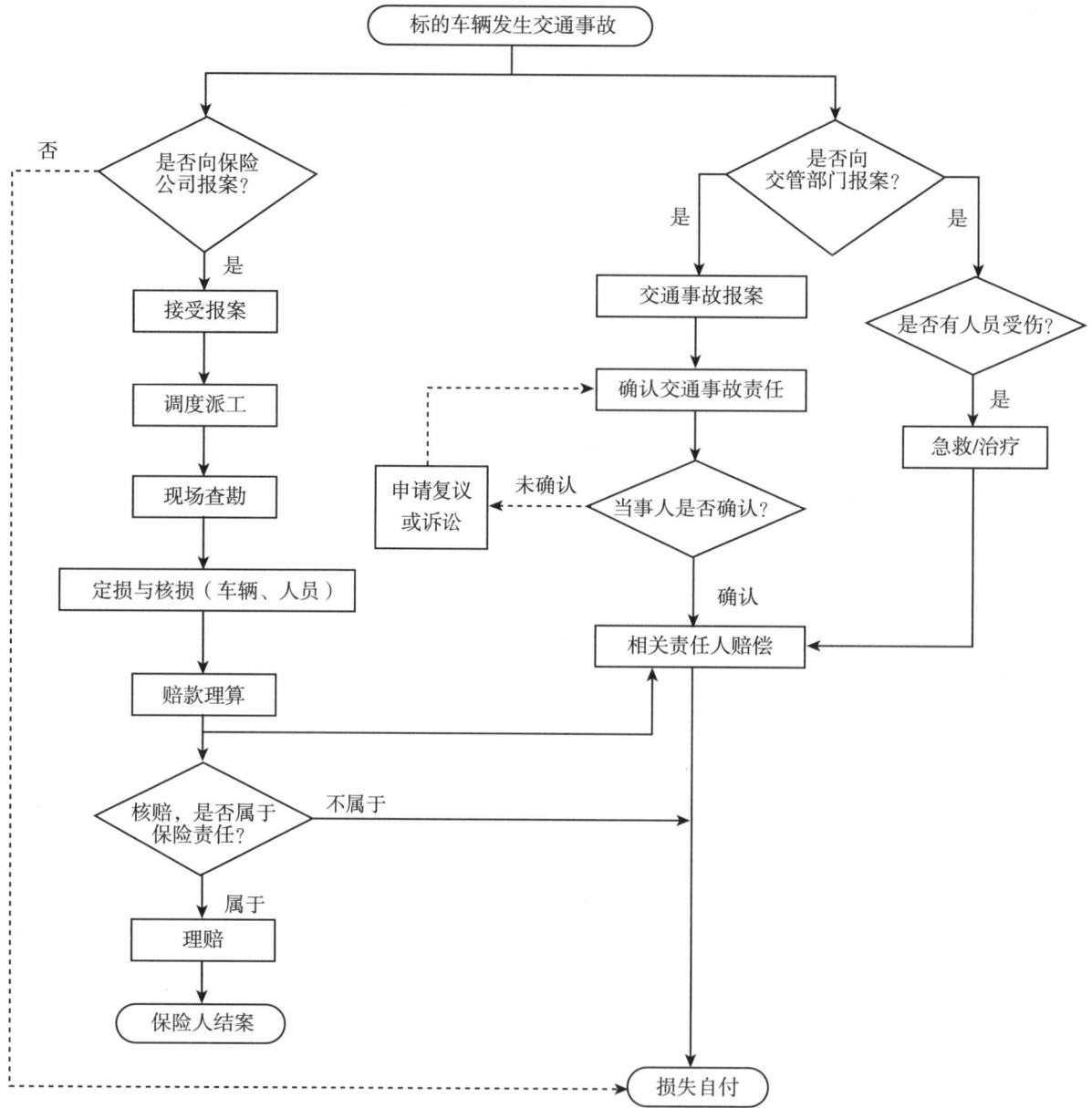

图 4.0.1　汽车保险理赔流程

任务 1　报案受理

任务案例

王先生的车发生了风险事故，事故造成了风险损失。他在第一时间就拨打了保险公司的报案电话。那么，车险报案受理的流程是怎样的？如何完成立案和调度派工呢？

课前预习

同学们，为了顺利完成本次任务，请在课前扫描右侧二维码，查阅资料，开展预习，熟悉相关应知应会知识点，并完成知识点介绍后的测试。

课前学习资料

知识点 1　报案受理的流程

报案受理是保险公司接受报案、做好记录并安排人员查勘的过程，是理赔环节的第一步。在标的车辆的投保人报案后，保险公司的接报案人员应在查核标的车辆的保险信息后，第一时间做出风险点标记，通知相应的查勘定损人员并进行立案登记。

1. 接受报案

标的车辆发生保险事故后，被保险人应及时向保险公司报案，除不可抗力外，被保险人应在保险事故发生后的 48 小时内通知保险公司。《中华人民共和国保险法》第二十一条规定："投保人、被保险人或者受益人知道保险事故发生后，应当及时通知保险人。故意或者因重大过失未及时通知，致使保险事故的性质、原因、损失程度等难以确定的，保险人对无法确定的部分，不承担赔偿或者给付保险金的责任，但保险人通过其他途径已经及时知道或者应当及时知道保险事故发生的除外。"保险公司应及时受理报案，越早进行调查，越容易掌握事故的真实原因，也更利于尽快确定事故造成的损失情况，履行赔偿责任。

报案方式包括上门报案、电话报案、传真报案等。其中，电话报案最为快捷方便。被保险人可向保险公司的理赔部门或客户服务中心报案，也可向经营单位、业务人员或保险公司的代理人等报案。对于在外地发生的事故，如果保险人在出险地有分支机构，被保险人可直接向其分支机构报案。如果被保险人在出险后，因交通不便、通信受阻等无法及时报案，可暂缓报案，等有条件时再报案，但一定要向保险人说明事实真相。

被保险人报案时，保险公司应对一些信息进行记录，主要包括以下几点：

①报案人、被保险人、驾驶员的姓名和联系方式等。

②出险的时间、地点、简单原因、事故形态等案件情况。

③保险车辆的情况，如厂牌、车型、牌照等。若涉及第三方车辆的，也需询问第三方车辆的车型、牌照等信息，根据这些信息查询第三方车辆是否为同一公司系统内承保的车辆，如果是，并且该车辆在事故中负有一定比例的事故责任，则一并登记，同样按报案处理。

2. 指导被保险人填写出险报案表

保险公司的业务人员在受理报案时，应向被保险人提供保险车辆出险报案表和机动车辆保险索赔须知，并指导其据实填写保险车辆出险报案表。若采用电话报案，被保险人应在业务人员到现场后或其他时间补填出险报案表。出险报案表的内容一般应包括：保险单号；被保险人名称、地址及电话号码；被保险汽车的种类、厂牌、型号、车牌号码、生产日期、第一次申领牌照日期、车辆识别码、发动机号码等；驾驶员姓名、住址、年龄、驾驶证号码、驾龄、与被保险人的关系等；出险时间、地点、原因、事故经过等；涉及的第三者的情况等；处理事故的交通管理部门名称、经办人姓名及电话号码等；被保险人签章与日期。

3. 查核保单信息

保险公司的业务人员应根据出险报案表中的保险单号，查询保单信息，核对承保情况，具体包括：根据保单信息，查验出险时间是否在保险期限内、是否接近保险期限起讫时间、是否接近上起案件报案时间，查明投保人投保了哪些险种、是否存在不足额投保、是否已经交费，核对驾驶员是否为保单中约定的驾驶员，并初步审核报案人所述事故原因与经过是否属于保险责任等。对于明显不属于保险责任的情况，业务人员应向客户明确说明，并耐心细致地向客户做好解释工作。对属于保险责任范围内的事故和不能明确是否应拒绝赔偿的案件，业务人员应将相关信息录入保险车辆报案登记簿，并立即调度查勘人员赶赴现场，同时提醒查勘人员进一步了解情况。

4. 安排查勘(调度派工)

对属于保险责任范围内的事故，受理报案的业务人员应及时通知查勘人员进行现场查勘，查勘人员应当在规定的时限内到达事故现场并向受理报案的业务人员报告。

当被保险人在外地出险时，保险公司可派自己的查勘人员前往事故现场，也可委托当地保险公司或中介公司代理查勘。委托他人代理查勘时应注意两点：一是应明确委托事项，即委托的是单纯查勘，还是查勘和定损；二是应明确委托定损权限，例如委托权限是5000元，则5000元以内的损失可直接定损，若超过5000元，则受托人需报告委托人，要求进一步授权或放弃定损。

注意：被委托机构在工作中出现的质量问题，其后果应由承保公司负责。所以，为加强异地出险的查勘质量，全国性的大公司均建立了有效的内部运作模式，即"双代"(代查勘、代定损)案件管理制度。

5. 立案

对在赔偿范围内的案件，业务人员应进行立案登记，并统一对案件进行编号和管理。

对不在赔偿范围内的案件，业务人员应在出险通知书和机动车辆保险报案、立案登记簿上签注不予立案的原因，书面通知被保险人并做出必要解释。

对委托他人代为查勘的案件，业务人员应将代查勘公司名称录入报案、立案登记簿。

知识点 2　风险点分析

在受理报案时，业务人员应注意，不同的案件类型对应不同的风险点，应围绕案件类型对应的风险点询问报案人，记录相关信息。

1. 单方事故

(1)异常出险时间

询问要点：出险时间。业务人员应确认出险时间是否在距保单起保日期7日之内；出险时间是否为餐后时间，尤其需要关注晚9点至凌晨3点这一时间段。

记录：××××年在×××公司投保，保单号×××，投保险种为×××。

(2)异常出险地点

询问要点：出险地点是否为郊外、山区、农村等较为偏僻的地点。

记录：是否现场报案，报案人是否在现场等待，是否已要求报案人提供交警部门出具的事故证明，报案人表述清晰或不清晰。

(3)异常报案人

询问要点：报案人是否为驾驶员、驾驶员是否为被保险人、报案人对驾驶员及出险情况是否清楚等。

记录：报案人与被保险人的关系。

(4)异常出险频度

询问要点：已出险次数。三次及以上为多次出险，若车辆多次出险，业务人员应提示报案人并与其确认车辆的出险次数，请报案人亲自办理索赔，记录相关情况。

记录：本次为客户第×次出险，已提醒其亲自办理索赔；记录报案人对出险次数的了解情况。

(5)高空坠物

询问要点：询问坠落的具体物体；询问出险的具体地点是否为小区、停车场(是否收费，如果收费则应请报案人保留相关凭据)；询问报案人是否查找到可能的责任方，是否向责任方索赔；询问的同时，业务人员应要求报案人报警。

记录：坠落物体为何物；有无人看管(如有人看管，已提示报案人保留相关凭据)；已提醒报案人报警并查找责任方；已提醒报案人保护现场。

2. 多方事故

询问要点：询问报案人驾驶过程中是否有车距较近、逆行、变道超车、未按规定让行、开关车门、操作不慎等情况，这些情况是否为引起事故的原因；询问事故中受损车辆、标的车辆的具体位置；询问其他事故车辆的号牌、车辆型号；提醒报案人如果没有其他事故车辆的信息，可能会影响到之后的索赔，建议其尽快确认其他事故方的信息。

记录：报案人对出险事故的描述及其提供的出险原因；报案人是否已报交警处理；出险时标的车辆所在位置；事故涉及的所有车辆在事故中的位置和各车辆的相关信息。

3. 车身划痕

车身划痕是指无明显碰撞痕迹的车身表面单独损伤。

询问要点：询问车身划痕的发现时间、车身可能为何物划伤；提醒报案人对车辆进行估损。必要时，业务人员应通知相关人员查勘或复勘现场，并要求报案人提供相关证明。

记录：发现车辆被划的时间；车身受损部位；报案人推测的划伤原因；已提醒报案人报警或告知报案人我方报警时报案人需配合。

4. 水淹或涉水

询问要点：告知报案人不要启动车辆，等待救援；询问水淹到车身的位置、涉水的具体情形。

记录：出险描述；水深位置；已告知报案人相关施救要求。

5. 车上货物损失

询问要点：询问车上运载的具体货物、装货时间、运输路线；提醒报案人保留货物相关凭证，如装载清单、运单等。

记录：车上货物及运载时间、运载起止地点；车上人员情况；已提醒或告知客户保留相关凭证。

6. 第三者物损

询问要点：询问碰撞的具体物体、大概损坏情况；询问车辆的碰撞部位；提醒报案人尽快报警；要求报案人配合现场查勘或复勘。

记录：第三者物损情况；已提醒报案人报警。

知识点 3 调度派工

调度派工是接受报案后，保险公司安排查勘人员对人员损伤及车辆、财产损失等情况进行查勘跟踪和确定的过程。调度派工对时效的要求非常高，一般需在几分钟内完成，以确保查勘人员能及时与客户联系，告知客户相关注意事项。

由于在收到任务之后、未查勘之前，查勘人员无法判断事故的情况及相关风险点，此时调度人员就成为连接报案人与查勘人员之间的桥梁。调度人员将报案人提供的信息转告给查勘人员，并提示相关风险点，以便查勘人员准确高效地处理案件。

1. 调度派工的分类

（1）按调度级别分类

大部分保险公司都会安排自己的查勘人员进行查勘定损，调度人员只需直接将查勘工作调度给查勘人员，这种调度方式为一级调度。而部分公司的查勘定损工作会委托给公估公司，此时调度人员把任务派发给公估公司，由公估公司派查勘人员查勘定损，这种调度方式为二级调度。

（2）按损失类型分类

不同类型的案件需要不同专业背景的查勘人员，调度人员应根据案件的实际情况开展调度。人伤查勘与车损、物损查勘的区别比较明显。通常，车损查勘员，是仅对车损进行查勘的人员；物损查勘员，是仅对事故相关财产损失进行查勘的人员；人伤查勘员，是仅对事故造成的人员伤亡进行查勘跟踪的人员。实际工作中，车损与物损通常由同一人处理。

（3）按查勘点分类

保险公司会根据案件损失类型及损失程度，联系不同授信级别的查勘机构，比如玻璃店、合作修理厂、定点定损点、物价鉴定机构等，以提高调度工作效率。

2. 调度派工的流程

（1）查找待调度案件

调度人员应定时刷新系统，及时发现和处理待调度案件，以确保查勘员能第一时间与客户联系，使客户能够正确处理事故现场。

（2）了解案情

调度人员应确定案件类型，并发掘案件风险点，以便转告现场查勘人员。

（3）联系查勘员，告知案情、风险点及与案件有关的重要事项

应告知的事项包括：事故描述，标的车型及其他事故方信息，事故方损失情况，报案驾驶员姓名，事故处理人员联系电话，是否为优先处理案件，查勘地点，近期出险情况，是否多次出险（出险次数），是否为风险驾驶员，是否为风险报案号码，是否为超时报案，等等。

（4）系统派工

调度人员联系查勘人员后，应在系统内派工，在平台上把案件任务调拨到该查勘员的查勘平台，以便查勘员对案件的后续进行处理。调度派工结束后，即进入下一环节——现场查勘。

（5）任务改派

对于部分案件，若由于客观原因，已确定的查勘人员无法查勘，调度人员应及时安排其他查勘人员完成任务，同时在系统内应完成任务改派，以确保案件任务存在于实际处理人的工作平台。

▶▶ 课中实践

一 知识测评（判断题，正确的画"√"，错误的画"✕"）

题号	题干	答案	知识链接
1	车险报案一般采用直接去保险公司报案的方式		知识点 1
2	接报案人员要受理被保险人的报案，解答被保险人的问题		知识点 1
3	事故发生后，报案的应该是投保人		知识点 1
4	报案时，保险人除了确认被保险人外，还会询问本次事故的驾驶人		知识点 1
5	如果发生了涉及人伤的双车事故，或者损失较大的单车事故，当事人最好现场立即报案，便于保险公司核实保险责任和损失		知识点 1
6	接报案人员要根据报案人提供的信息查询保单		知识点 1
7	接报案人员不需要询问事故的责任分配		知识点 1
8	保险公司为接报案工作设立了一个专门的岗位		知识点 1
9	报案成功，理赔系统会自动生成报案号		知识点 1
10	接报案人员不需要初步判断案件是否属于保险责任		知识点 1
11	保险人受理报案、现场查勘、核定损失、参与诉讼、进行抗辩、要求被保险人提供证明和资料、向被保险人提供专业建议等行为，均不构成保险人对赔偿责任的承诺		知识点 1
12	机动车辆出险后，标的车的当事人应当及时向保险人报案		知识点 1
13	调度人员要根据实际情况，合理分配查勘定损任务		知识点 3

二 工作任务

1. 任务分组

班级		组号		指导老师	
组长		承担任务			
组员及分工					
姓名	承担任务		姓名	承担任务	

2. 任务实践

目标要求	1. 帮助案例中的王先生完成保险报案 2. 模拟保险公司接报案人员完成报案受理
时间要求	30 分钟
方法说明	可以采取小组讨论、查询资料的方法来完成

实践具体内容		
序号	活动内容	活动记录
1	了解报案时间	案例中王先生的车辆发生了风险事故，他应该尽快报案。除不可抗力外，案发后至报案前的这段时间不应超过： □12 小时　□24 小时　□48 小时　□72 小时
2	选择报案方式	王先生可以选择的报案方式有＿＿＿＿，推荐快捷方便的＿＿＿＿方式 A. 上门报案　B. 电话报案　C. 传真报案 如果王先生出险的地点在外地，因交通不便、通信受阻等，无法及时报案，此时他该怎么办？
3	记录报案信息	应记录姓名和联系方式的当事人包括： □驾驶员　□被保险人　□投保人　□报案人　□目击证人 应记录车险事故的信息包括： □出险时间　□出险地点　□事故原因　□事故责任人　□事故情形 应记录车辆的信息包括： □标的车的车牌和车型　□标的车的价格　□第三者车的车牌和车型
4	确认报案信息	记录报案信息后，需要确认哪些信息？ □车险是否在保险期间内　□已投保了哪些险种等保单信息 □出险时间是否有异常　□驾驶员是否为约定驾驶员
5	完成表单填写	请根据王先生的报案信息，填写下面的出险报案表

附表：出险报案表

被保险人		联系电话		承保公司	
驾驶人		车型名称		是否为第一现场	
准驾车型		出险时间		案件性质	□自赔 □本代 □外代

续表

车牌号码		查勘时间		车辆使用性质	
出险地点					
查勘地点					
车架号			发动机号		
其他涉案车辆交强险投保及损失情况					
事故车辆	车牌号码	车型名称	被保险人	交强险保单号	承保公司
A					
B					
是否满足"互碰自赔"条件			是否选择"互碰自赔"处理程序		

事故各方同意按照"互碰自赔"方式处理，并同意各车定损金额在 2000 元人民币以内。

被保险人（驾驶人）签字：   三者车当事人签字：

3. 实施总结

组内的分工情况	
知识点的运用情况	
存在的问题	
改进的措施	

三　学习目标达成情况

序号	学习内容（知识、技能、行为习惯、职业素养）	目标达成情况			
		了解知道	理解掌握	指导下完成	独立完成
1	报案受理的流程				
2	车险报案时，当事人需要明确的主要信息				
3	接受报案时的询问要点和常见风险点				

续表

序号	学习内容(知识、技能、行为习惯、职业素养)	目标达成情况			
		了解 知道	理解 掌握	指导下 完成	独立 完成
4	调度派工的流程				
5	接受报案时的用语规范,围绕常见风险点询问报案人				

▶▶ 课后延伸

一 理论测试

二 任务实施巩固

思维拓展	
问题1	车险事故中报案信息不完整或现场应急处置措施不当导致的损失扩大,是否属于保险责任?如果不属于保险责任,可能是因为什么原则? (提示选项:□最大诚信原则 □近因原则 □保险利益原则 □损失补偿原则)
问题2	为什么业务人员在接报案时需要第一时间识别道德风险?应当怎样规避道德风险?

任务 2　现场查勘

任务案例

2021 年 9 月 26 日上午 10 时，李某驾驶的轿车因为超速行驶而剐蹭到护栏，导致左前翼子板受损。事故发生后，李某报警并报险，交警赶到现场进行了查勘，认定为单方事故，并对李某进行了处罚。那么在到达事故现场后，保险公司的查勘人员应如何进行现场勘验和拍照？

课前预习

同学们，为了顺利完成本次任务，请在课前扫描右侧二维码，查阅资料，开展预习，熟悉相关应知应会知识点，并完成知识点介绍后的测试。

课前学习资料

保险事故现场查勘是汽车保险理赔的重要环节。在该环节中，查勘人员主要完成对事故现场的查勘，整理理赔所需的事故信息和资料等工作。查勘人员在接到调度人员的调度派工后，应及时赶到事故现场，调查当事人及事故车的基本情况，询问、调查事故发生的经过，拍摄现场照片，做好现场笔录，收集相关单证，对事故进行定性定责，缮制查勘报告。

知识点 1　事故现场的分类

1. 原始现场

原始现场是指现场的车辆、伤亡人员、牲畜及与事故有关的痕迹、物体没有遭到破坏或变动，仍保持事故发生时的原始状况的交通事故现场。

2. 变动现场

变动现场包括正常变动现场、伪造现场、逃逸现场及恢复现场四类。

①正常变动现场是指在自然条件下非人为地改变了原始状况或在不得已的情况下，以不影响查勘结果为前提，人为地、有限度地改变了原始状态的交通事故现场。交通事故现场变动的正常原因一般有抢救受伤者、保护不当、自然破坏等。

②伪造现场。伪造现场是指当事人为逃避责任、毁灭证据等目的或为牟取不正当利益，有意改变或布置的现场。

③逃逸现场。逃逸现场是指肇事者为了逃避责任，驾驶车辆潜逃而导致原始状况变动后的现场。其性质与伪造现场相同，但逃逸行为通常具有更大的破坏性。

④恢复现场。恢复现场是基于事故分析或复查案件的需要，为再现出险现场的原貌，根据有关证据材料重新布置的现场。恢复现场的过程又称为"事故再现"。

知识点 2　现场查勘的主要内容

①查勘人员应及时赶赴事故现场。

②到达事故现场后，查勘人员应协助客户进行现场施救。

③查勘人员应做好相关记录。

④查勘人员应初步判断事故是否属于保险责任，并估计事故损失情况，缮制查勘记录，指导客户填写索赔申请书。

⑤查勘结束后，查勘人员应通知理赔环节负责人进行后续处理。需要向服务专线反馈的，要及时向服务专线反馈。

⑥对于明显不属于保险责任的或客户同意注销的案件，查勘人员应通知接报案中心注销报案。

知识点 3　现场查勘的方法和准则

现场查勘可按照"六五四三二一"的方法和准则执行。

1. 六个方面：车、证、人、路、货、行

（1）车：查验事故车辆是否属于承保的标的

①车辆类型、型号。主要通过对比行驶证正本上记载的车辆类型、型号与保单承保的车辆类型、型号是否相同，来查验出险车辆是否为保险公司承保的车辆。

②汽车的结构及配置。查验汽车的款式、内外颜色、方向盘左右形式、采用燃料的种类、变速器的形式、倒车镜及门窗的运动方式、驱动方式、冷媒的品种等是否符合该车的出厂规定或登记档案。这些都是为一些稀缺车型的定损做准备的。

③汽车使用年限。查清出险车辆的使用年限，对于界定事故车辆的合法性十分必要。2013 年 5 月 1 日开始实施的《机动车强制报废标准规定》第五条规定，各类机动车使用年限分别如下。

a. 小、微型出租客运汽车使用 8 年，中型出租客运汽车使用 10 年，大型出租客运汽车使用 12 年。

b. 租赁载客汽车使用 15 年。

c. 小型教练载客汽车使用 10 年，中型教练载客汽车使用 12 年，大型教练载客汽车使用 15 年。

d. 公交客运汽车使用 13 年。

e. 其他小、微型营运载客汽车使用 10 年，大、中型营运载客汽车使用 15 年。

f. 专用校车使用 15 年。

g. 大、中型非营运载客汽车（大型轿车除外）使用 20 年。

h. 三轮汽车、装用单缸发动机的低速货车使用 9 年，装用多缸发动机的低速货车以及微型载货汽车使用 12 年，危险品运输载货汽车使用 10 年，其他载货汽车（包括半挂牵引车和全挂牵引车）使用 15 年。

i. 有载货功能的专项作业车使用 15 年，无载货功能的专项作业车使用 30 年。

j. 全挂车、危险品运输半挂车使用 10 年，集装箱半挂车使用 20 年，其他半挂车使用 15 年。

k. 正三轮摩托车使用 12 年，其他摩托车使用 13 年。

对小、微型出租客运汽车（纯电动汽车除外）和摩托车，省、自治区、直辖市人民政府有关部门可结合本地实际情况，制定严于上述使用年限的规定，但小、微型出租客运汽车不得低于 6 年，正三轮摩托车不得低于 10 年，其他摩托车不得低于 11 年。小、微型非营运载客汽车、大型非营运轿车、轮式专用机械车无使用年限限制。机动车使用年限起始日期按照注册登记日期计算，但自出厂之日起超过 2 年未办理注册登记手续的，按照出厂日期计算。

④是否属于合法改装。汽车自行改装，有可能破坏原有的性能，影响行车的安全。严格说来，改装内容偏多或者改装部位涉及行车安全的汽车，已经不再具有原承保车辆的合法意义。几乎所有的机动车辆保险条款都规定，在保险期限内，保险车辆改装、加装，导致保险车辆危险程度增加的，应当及时书面通知保险人。否则，因保险车辆危险程度增加而发生的保险事故，保险人不承担赔偿责任。常见非法改装形式有：增加货车栏板高度，加大货车轮胎，增加钢板弹簧的片数或厚度，增加车厢长度，开天窗，乘用车安装行李架。

⑤使用性质。现场查勘时，应该查验出险车辆的实际使用性质与保险单载明的使用性质是否一致。两种常见的使用性质与保单不符的情况如下。

a. 营运货车按非营运货车投保。这种投保方式可以节省保费。查勘时，可以从车辆的状况、车辆的行驶里程等辨别它是否属于营运车辆。

b. 非营运乘用车从事营业性客运。这种投保方式也可以节省保费。查勘时，可通过调查取证驾驶员与被保险人、乘客与驾驶员的关系，以及保险车辆行驶线程（常为车站、码头、高校门口、商贸城门口）等方式来获取证明该车辆从事营业性客运的证据。车主对确定的汽车高风险的使用性质有异议时，查勘人员可以通过行驶证和机动车登记证上的相关信息来确认。

（2）证：查验当事人证件

①驾驶证。查勘时，需要验明驾驶证的真伪，确定当事人是否为合格的驾驶员、是否为被保险人允许的驾驶员、是否为保单约定的驾驶员。如果怀疑驾驶证的真实性，则可以通过查阅姓名和驾驶证编号来检验驾驶证的真伪。

②行驶证。查勘人员要对以下问题予以高度重视：行驶证自身的真伪、行驶证副页上检验合格章的真伪（这关乎行驶证的有效期）、行驶证车主与保险单登记的是否相同。如果行驶证车主与保险单上的不符，则应了解行驶证车主与被保险人的关系，确认车主是否具备保险利益；如果行驶证车主与保险单上的不符且无批改单，则应询问车主的这一行为是否经保险人同意；如果行驶证车主与保险单上的不符且无批改单，也未经保险人同意，则一般可认为被保险人对标的车辆已不具备保险利益。

（3）人：确定真正的驾车人

车辆出险后，查勘人员要尽快确定：谁是真正的驾车人，驾车人是否为合格驾驶员，驾车人是否为车主允许的驾驶员，驾驶员所驾车型是否为准驾车型，驾车人是否为保单约定的驾驶员，驾车人是否为酒后或服用违禁药物后驾车，等等。

（4）路：确定路况是否在保险责任范围内

如果事故发生地为高速公路，则需询问驾车人是否已具备上高速公路行驶的资格，确认发生事故时，车辆是否在免责路况行驶。

（5）货：检查车辆是否违规装载

无论是乘用车，还是商用车，都存在违规装载的现象。大客车的追尾，货车的倾覆，多数是违规装载造成的。这就要求查勘人员在接到报案之后，应该尽快到达事故现场，通过对大客车现场乘客的清点，对货车货物装载情况的查验，对每件货物重量的估算，以及查看运单或货单上的货物重量记载等方式确定案发时车辆是否超载。

（6）行：确认驾驶员是否有违章行车的行为

查勘人员应确认发生事故时驾驶员是否有违章行车的行为，这将涉及保险责任比率。

2. 五字法取证：问、闻、看、思、摄

查勘的过程，实际上是一个对损失原因、损失情况进行调查取证的过程，查勘人员可以采用"问、闻、看、思、摄"的方法进行。

（1）问

查勘人员到达事故现场以后，可以向当事人和目击者询问一系列问题来确定相关情况。

①出险时间。应该仔细核对当事人的陈述时间与公安部门事故证明中的是否一致，对于有疑问的细节，则要及时去公安部门核实或者向当地群众了解。要详细了解车辆的启程时间、返回时间、行驶路线、伤者住院治疗时间、运单情况等。

②出险地点。确定出险地点的目的是确定车辆（如教练车）是否超出了保单所列明的行驶区域，以及事故损失是否属于在责任免除地（如营业性修理场所、收费停车场等）发生的损失。

③出险原因。根据保险事故的一般界定，造成损失的原因必须是"近因"。一般情况下，应该依据公安、消防部门的证明来认定出险原因。

④出险经过。记录出险经过与原因时，原则上要求驾驶员本人填写（驾驶员本人不能填写的，要求被保险人或相关当事人填写），并将其填写的出险经过与公安机关交通管理部门的事故证明（如责任认定书）进行对比，两者应基本一致。如果不一致，原则上应以公安机关的证明为准。

⑤财产损失情况。财产损失包括四个方面：保险车辆损失情况、保险车辆车上损失情况、第三者车损情况、第三者物损情况。

⑥人员伤亡情况。查勘人员伤亡情况时，首先要明确保险车辆车上伤亡人员的相关信息，包括姓名、性别、年龄、与被保险人之间的关系、与驾驶员之间的关系、受伤人员的受伤程度。其次要明确事故中其他车辆车上伤亡人员的相关信息，如姓名、性别、年龄、受伤人员的受伤程度等。这些信息将为医疗核损人员的查勘、核损提供有力支撑。

⑦施救费用。某些事故的施救费用可能极高，如在山区行驶的车辆翻入山沟后的施救费用；私家车自驾游被困森林，人逃出，车被困，因重返森林产生的施救费用等。查勘人员应该在施救结束后及时了解施救时实际支出的金额。

（2）闻

许多车祸是驾驶员酒后驾驶造成的。在一些特定的时间，如每天（尤其是节假日）的13点至16点、20点至23点，对一些特定的驾驶群体（如正值青壮年的男性驾驶员、经营人员），出险后应考虑其是否存在酒后驾车的问题，并应设法与公安机关一起取证。

（3）看

查勘人员在到达事故现场后，要仔细观察车辆及周围情况，弄清事故发生的直接原因。查勘人员应观察驾乘人员是否存在神色慌张、似乎想掩盖某些事实的迹象，是否存在报案所称的驾驶员并非实际驾车人的可能；观察保险车辆所在的路段是否具备造成此类事故发生的条件，该路段是否存在不允许保险车辆通行的规定；观察受损车辆是否符合正常行驶的要求，有无可能属于报废后重新启用的车辆，车辆所在位置是否在事故发生后被人为挪动过。

（4）思

查勘人员对于自己所听到、嗅到、观察到的各种现象，要进行认真的分析，通过各种现象的相互佐证，运用自己的专业知识，分析出眼前事故的真实原因。例如，如果是车辆运动中发生的碰撞，要重点考虑碰撞的部位，轿车制动时车头下沉，车尾高翘，接触点与常态时有所不同，事故有可能只会使前大灯被碰坏，而保险杠未受到损伤。新车发生的保险事故，车主故意行为的可能性不大。11点之前发生的保险事故，酒后驾驶的可能性不大；而13点至16点或20点至23点发生的车祸，则有可能涉及酒后驾驶。

（5）摄

为了如实反映事故现场的真实情况，查勘人员需要保留相应的证据，以备定损研究和事后核查时使用。现场拍摄的照片既是案件的第一手资料，又是查勘报告的旁证材料。

一般现场摄影可采用相向拍摄法、十字交叉拍摄法、连续拍摄法和比例拍摄法四种方法。

①相向拍摄法，即从两个相对的方向对现场中心部分进行拍摄，以较为清楚地反映现场中心情况，如图 4.2.1 所示。

图 4.2.1　相向拍摄法

②十字交叉拍摄法，即从四个不同的地点对现场中心部分进行交叉拍摄，以准确反映现场中心情况，如图 4.2.2 所示。

图 4.2.2　十字交叉拍摄法

③连续拍摄法，是将现场分段进行拍摄，然后将分段照片拼接为完整照片的方法。此种拍摄方法适合于事故现场面积较大，一张照片难以包括全貌的情况，如图 4.2.3 所示。

④比例拍摄法，是将尺子或其他参照物放在被损物体旁边进行拍摄的方法。常常在需对痕迹、物证以及碎片、微小物进行拍摄时采用此法，以便根据照片确定被摄物体的实际大小和尺寸。

图 4.2.3　连续拍摄法

3. 四个基本问题：是否属于保险车辆、是否属于保险责任、谁的责任、损失金额

（1）是否属于保险车辆

现场查勘时，查勘人员可以通过查验汽车号牌和车架号来确定出险车辆是否属于保险标的。

（2）是否属于保险责任

有一些客观发生的车辆事故，尽管车主也为自己的爱车投了保险，但或因投保的险种与事故不匹配，或因事故不属于保险责任范围而不在理赔之列。

（3）谁的责任

查勘人员应明确保险公司所承保的车辆的驾驶员是否对事故发生负有责任，负有全责还是部分责任。

（4）损失金额

损失包括施救费用、财产损失、人员伤亡损失等。查勘人员应了解损失情况。

4. 三项技能：调查取证、现场图绘制、现场查勘报告填写

（1）调查取证技能

调查取证的主要内容包括出险时间、出险地点、出险原因、保险车辆驾驶员情况、出险经过与原因、处理机关、财产损失情况、人员伤亡情况、施救情况。

（2）现场图绘制技能

现场图绘制的要求：全面、形象地展现交通事故现场客观情况。案情简明的交通事故，应力求制图简便。现场图需要做到客观、准确、清晰、形象，图栏各项内容填写完备，数据完整，尺寸准确，标注清楚。现场图应用绘图笔或墨水笔绘制和书写，事故现场记录图应按实际情况绘制，线宽度在 0.25～2.0mm 范围内选择，同类物体图形符号的线宽应基本一致。现场图中的图形符号应按《道路交通事故现场图形符号》(GB/T 11797—2005)的规定绘制。《道路交通事故现场图形符号》中未做规定的，可按实际情况绘制，但应在说明栏中注明。

(3)现场查勘报告填写

根据现场查勘情况，查勘人员应如实填写机动车辆理赔现场查勘记录。

5. 两个顺序：由表及里、由前往后

查勘人员在登记汽车零部件的损坏情况时，应该按照顺序进行，以免重复登记或遗漏。

(1)由表及里

对于损坏了的汽车零部件，登记时可按照由表及里的方法进行，即先登记外部零部件的损坏情况，再向内逐一登记。

(2)由前往后

在贯彻由表及里登记方法的同时，为了避免遗漏，还可按照由前往后、自左至右的顺序进行登记以避免遗漏、重复登记。

6. 一个目标：有利于车主、修理厂、保险公司

在对车损现场进行查勘、定损时，应该明确查勘定损工作的总体目标：兼顾车主、汽车维修厂、保险公司三方面的利益，使三方和谐共处。

知识点 4　立案

1. 立案人员的职能

①处理查勘人员发起的立案申请(交强险、商业险)。

②录入、调整立案估损金额信息。

③输入并记录相关信息代码。

④发起追偿任务。

2. 立案前的准备工作

①接收查勘资料，包括查勘记录及附页、查勘照片、询问笔录，以及驾驶证、行驶证的照片、复印件等。立案人员应充分掌握查勘信息。

②查阅出险车辆的承保信息。

③查阅出险车辆的历史赔案信息。

3. 立案处理

(1)判断保险责任

结合承保情况和查勘情况，立案人员应分别判断事故是否属于机动车交通事故责任强

制保险或商业机动车保险的保险责任，并对是否立案提出建议。

（2）录入立案估损信息

录入立案信息时，立案人员应区分交强险、商业车损险、第三者商业责任险和车上人员责任险等险别，分别录入信息并调整估损金额。

①录入立案基本信息。在损失分类一项，可以选择"全损""非全损""玻璃单独破碎"和"盗抢"，赔案类别、出险区域、商业险赔偿责任、交强险赔偿、出险标志和出险原因都为可选项，立案人员可以根据实际情况进行录入。

②录入估损项。估损项分为涉案车辆、财产损失、人员伤亡三部分。立案人员可以在系统中打开"车辆资料"，查看具体损失。

③录入险别估损信息。车险理赔系统中要求录入的"估损金额"指赔案涉及保险责任的损失金额，"估计赔款"指综合考虑事故责任比例、免赔和保险金额责任限额等情况后保险公司应赔付的金额。

4. 立案处理时限

一般情况下应于查勘结束后 24 小时内立案，最晚应于接报案后 3 天内立案。进行立案或注销查勘所涉及的单证可在立案同时或之后收集。

>> 课中实践

■ 知识测评（判断题，正确的画"√"，错误的画"×"）

题号	题干	答案	知识链接
1	受理车险报案后，由查勘人员到达事故现场进行车辆的定损		知识点 2
2	查勘人员需要向客户发放索赔须知		知识点 2
3	必要时，查勘人员要组织现场施救		知识点 2
4	查勘人员需要查看客户的驾驶证、身份证、行驶证		知识点 3
5	查明车辆的出险地点，是为了确认事故损失是否属于责任免除地发生的事故损失		知识点 3
6	查勘人员应核实和确认标的车的牌照号码、车架号码和交强险凭证。对第三者车辆也应同样拍摄和记录其牌照号码、车架号码和交强险凭证		知识点 3
7	查勘人员应调查确认车辆的使用合法性。例如，车辆是否运载有危险品，是否运载有超长、超宽、超重等大件物品		知识点 3
8	车辆车架号看不清时，可以不拍摄		知识点 3
9	拍照时要求车牌、全车外观、损失部位三者能够同时在照片中得到最大限度的展示		知识点 3
10	一般情况下应于查勘结束后 24 小时内立案，最晚应于接报案后 3 天内立案		知识点 4

二　工作任务

1. 任务分组

班级		组号		指导老师	
组长		承担任务			
组员及分工					
姓名	承担任务		姓名		承担任务

2. 任务实践

目标要求	1. 能够指导事故现场的应急救援，能够安排施救 2. 能够完成现场查勘和查勘现场照片的拍摄
时间要求	30 分钟
方法说明	可以采取小组讨论、查询资料的方法来完成

	实践具体内容	
序号	活动内容	活动记录
1	判别事故现场	查勘人员到达现场后，首先应对现场进行判别，判定李先生案例中的现场属于： □原始现场　□变动现场　□伪造现场　□逃逸现场　□恢复现场 说明判定的理由： 查勘人员到达事故现场后，查勘的目的包括： □查明事故的真实性　□确定标的车在事故中的责任 □确定事故中的保险责任　□确定事故的损失 □安排事故现场施救
2	现场查勘	事故救援电话包括： □120　□119　□122　□110 现场查勘内容包括： □确认车辆情况　□现场痕迹勘验 □调查取证　□现场摄影　□绘制现场图
3	完成查勘记录	请根据李先生事故现场的查勘情况，确认并填写出险报案查勘表

续表

4	拍摄现场	在拍摄交通事故现场时，应遵循的原则有： □先拍摄原始状况，后拍摄变动状况 □先拍摄现场路面痕迹，后拍摄车辆物体痕迹 □先拍摄容易被破坏和消失的痕迹，后拍摄不易被破坏和消失的痕迹 □在实际拍摄过程中，根据现场车辆的损失情况进行拍摄，保证真实性和完整性 拍摄应该包括的内容有： □车辆号牌和车型　□车辆外部损伤情况　□车辆解剖情况 □零件损伤情况
5	立案	立案的准备工作包括： □接收查勘资料，包括查勘记录及附页、查勘照片、询问笔录，以及驾驶证、行驶证的照片、复印件等，充分掌握查勘信息 □查阅出险车辆的承保信息 □查阅出险车辆的历史赔案信息 立案时应录入的信息包括： □立案基本信息　□估损项　□险别估损信息

附表：出险报案查勘表

被保险人		联系电话		承保公司	
驾驶人		车型名称		是否为第一现场	
准驾车型		出险时间		案件性质	□自赔 □本代 □外代
车牌号码		查勘时间		车辆使用性质	
出险地点：					
查勘地点：					
车架号			发动机号		
其他涉案车辆交强险投保及损失情况					
事故车辆	车牌号码	车型名称	被保险人	交强险保单号	承保公司
A					
B					
是否满足"互碰自赔"条件			是否选择"互碰自赔"处理程序		

续表

事故各方同意按照"互碰自赔"方式处理，并同意各车定损金额在 2000 元人民币以内。

被保险人（驾驶人）签字： 三者车当事人签字：

查勘信息		
出险原因	□碰撞　　□倾覆　　□坠落　　□火灾　　□爆炸 □自燃　　□外界物体坠落、倒塌　　□雷击　　□暴风 □暴雨　　□洪水　　□冰雹灾害　　□玻璃单独破碎 □其他	
涉及险种	□交通事故责任强制险　　□车损险　　□第三者责任险 □车上人员责任险　　□自燃损失险　　□盗抢险 □玻璃单独破碎险　　□车上货物责任险　　□车身划痕损失险 □其他	
事故类型	□单方肇事　　□双/多方事故 □涉及财产损失　　□涉及人员伤亡	
事故处理方式	□保险公司　　□交警　　□自行协商　　□其他	
事故责任	□全部责任　　□主要责任　　□同等责任　　□次要责任　　□无责	

查勘意见(事故经过、查勘情况简单描述)：
驾驶人驾驶标的车辆因为＿＿＿＿＿＿＿＿发生＿＿＿＿＿＿＿＿＿＿＿事故，
造成标的车辆＿＿＿＿＿＿＿＿＿＿＿＿＿＿＿＿＿＿＿＿＿＿＿＿＿＿损坏，
车 A＿＿＿＿＿＿＿＿＿＿＿＿＿＿＿＿＿＿＿＿＿＿＿＿＿＿＿＿＿损坏，
以及车 B＿＿＿＿＿＿＿＿＿＿＿＿＿＿＿＿＿＿＿＿＿＿＿＿＿＿损坏。
查勘结论：＿＿＿＿＿＿＿＿＿＿＿＿＿＿＿＿＿＿＿＿＿＿＿＿＿＿＿＿＿

客户填写栏	本人对以上情况认定属实，同意以上查勘意见。如有虚假，愿承担一切法律责任，反馈意见如下： 客户满意度：□满意　□基本满意　□不满意 到达现场查勘时效：□30 分钟内　□45 分钟内　□45 分钟以上 日期：　年 月 日 被保险人（驾驶人）签名： 第三者车当事人签名：

3. 实施总结

组内的分工情况	
知识点的运用情况	
存在的问题	
改进的措施	

三　学习目标达成情况

序号	学习内容(知识、技能、行为习惯、职业素养)	目标达成情况			
		了解知道	理解掌握	指导下完成	独立完成
1	事故现场查勘的流程				
2	事故现场查勘的内容				
3	现场调查、取证、勘验、记录、分析的要点				
4	事故现场查勘(包括勘验痕迹、拍照、调查取证、制作查勘报告)				
5	立案				

课后延伸

一　理论测试

二　任务实施巩固

思维拓展
为什么查勘是防范道德风险的重要环节?怎样做才能既加强对道德风险的管控,又保证发挥车险的经济补偿和帮助恢复生产生活的功能?

问题1

续表

思维拓展	
问题 2	请思考，怎样在查勘环节中体现出"以客户为中心"的服务精神？

续表

任务3　定损与核损

任务案例

　　根据李先生的事故查勘记录，事故车的受损零部件清单和修复方案该怎样制定？如何确定损失费用？定损单提交到系统后，核损人员应如何审核？

课前预习

　　同学们，为了顺利完成本次任务，请在课前扫描右侧二维码，查阅资料，开展预习，熟悉相关应知应会知识点，并完成知识点介绍后的测试。

课前学习资料

　　定损是指在保险车辆发生交通事故后，保险人确定损害程度和定价方案的过程。《机动车辆保险条款》中规定："被保险车辆因保险事故受损或致使第三者财产损坏，应当尽量修复。修复前被保险人须会同保险人对保险车辆进行检验，确定修理项目、方式和费用，否则保险人有权重新核定或拒绝赔偿。保险事故损失确定包括车辆损失评估、人身伤亡费用确定、其他财产损失评估、施救费用核算等，即

$$事故损失＝车辆损失(含残值)＋人伤损失＋物损＋施救费$$

知识点 1　事故车辆定损的流程

1. 定损的基本步骤

　　在由定损人员对事故车辆进行定损时，定损场所可以是维修厂，也可以是事故鉴定中心，定损的基本步骤如下。

　　①根据现场查勘记录，定损人员认真检查受损车辆，找出本次事故直接造成的车辆损伤部位，并由此判断和确定因肇事部位的撞击间接引起的其他部位的损伤。

　　②定损人员确定损失部位、损失项目、损失程度，并由表及里地对损坏的零部件进行逐项登记，同时分别列出需要修复与需要更换的项目。

　　③定损人员与客户协商确定修理方案，包括修理项目和换件项目。修理项目中需列明各项修理的工时费，换件项目中需列明零件价格。零件价格需通过询价、报价程序确定。

　　④定损人员在接到核准的报价单后，再与被保险人和第三者车损方协商，确定修理、

换件项目和费用。协商一致后，与被保险人和第三者车损方签订汽车保险车辆损失情况确认书，确认书一式两份，保险人、被保险人各执一份。

实际工作中，定损流程如图 4.3.1 所示。

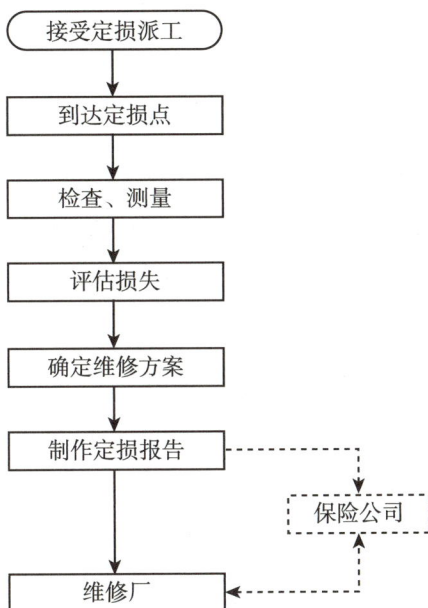

图 4.3.1　定损流程图

2. 定损过程中的注意事项

对损失金额较大，双方协商难以定损的，或对受损车辆定损的技术要求高，定损人员不太熟悉该车型导致难以确定损失的，可聘请专家或委托公估机构定损。

原则上应一次定损。对严重的车辆事故，一般需拆解定损。为此，各保险公司均规定了协议拆解点。

定损完毕后，被保险人可自选修理厂修理或到保险人推荐的修理厂修理。保险人推荐的修理厂的资质一般不应低于二级。

保险车辆修复后，保险人可根据被保险人的委托直接与修理厂结算修复费用，但双方必须事先明确各自负担的费用，并在汽车保险车辆损失情况确认书上注明，由被保险人、保险人和修理厂三方签字以示认可。

知识点 2　事故车辆定损的内容

事故车辆的定损包括对事故所造成的车辆损失的检测鉴定，评估维修方案，评估零部件的价格、维修整体工时费、残值等多项内容。

1. 事故车辆定损前的准备

在事故车辆定损前，定损人员必须做好充足的准备，了解以下情况。

①出险车辆的结构及整体性能。

②受损零部件的拆装作业量。

③受损零部件的性能。

④零部件的修理工艺。

⑤受损零部件的市场价格。

⑥修理所需辅助材料及用量。

⑦车辆修竣后的检查、鉴定技术。

2. 事故车辆修理范围的确定

保险公司只负责对条款载明的保险责任范围内的事故造成的损失进行经济赔偿，不负责对机械事故、故意行为和以往事故造成的损失的赔偿。常见的不属于理赔范围的项目有以下两种。

①故意行为引起车辆倾翻、碰撞等事故造成的损失。

②制动失灵、机械故障、轮胎爆裂以及零部件的锈蚀、老化、疲劳变形、断裂等造成的损失，保险公司不负责赔偿。但因这些原因造成的碰撞、倾覆、爆炸等属于保险责任的事故，对于直接事故损失部分，保险公司可予以赔偿，非事故损失部分不予赔偿。

因此，定损人员在定损时应注意以下几点。

第一，鉴定出本次事故造成的损失。非本次事故的损伤处往往会有油污和锈迹，而且刮痕也不是新痕迹。属于本次事故损伤的部位，一般会有脱落的漆皮和新的金属刮痕。如果有个别车主把以往发生的小事故或者与事故责任方私了的事故拿到保险公司，要求定损估价，获得赔偿后又不去修复，而是与本次事故一并报案，就会造成重复定损，给保险公司造成损失，所以定损人员要掌握新、旧损伤的鉴定技巧。

第二，充分注意损坏的零部件是否属于原厂配件。若损坏的零部件不是原厂配件，一般不予更换。

第三，明确事故维修的目的。定损人员应帮助客户形成正确的维修后预期。事故维修与正常维修的比较如表 4.3.1 所示。

表 4.3.1 事故维修与正常维修的对比

项目	正常维修	事故维修
维修原因	使用年限和行驶里程的增多导致性能退化	突发的事故造成车辆损坏
维修目的	发现和确定车辆存在的技术缺陷，排除已经发现的故障以及潜在的故障隐患，恢复汽车的正常性能	1. 确定本次事故造成的损失 2. 确定哪些零件该换，哪些零件该修且如何修 3. 确定更换零部件的价格，确定修理所需的工时费 4. 使机动车恢复到事故发生前的技术状态

续表

项目	正常维修	事故维修
费用标准	各总成的拆装、修理及部件的修理费用，是根据汽车维修行业长期实践和测算而取得的平均工时定额，依据各省交通厅颁发的汽车维修相关规定来确定的	车辆发生事故后，各部分的变形程度差别很大，修复的工作量差异也很大，费用的确定依据行业内约定俗成的切换界定原则，以及经济层面的合理性

3. 第三者财产损失的确定

第三者财产损失包括第三者车辆所载货物、道路、道路安全设施、房屋建筑、电力和水利设施、道旁树木花卉、道旁农田庄稼等的损失。

4. 标的车上货物损失的确定

凡发生在保险责任范围内的标的车上货物损失，原则上，保险公司必须立即派人前往事故现场，对车上货物损失进行查勘，然后与被保险人和有关人员对受损的货物进行逐项清理，以确定损失数量、损失程度和损失金额。在确定损失金额时，定损人员应坚持从保险利益原则出发，注意掌握在出险时标的具有的或者已经实现的价值，确保体现损失补偿原则。

5. 人伤损失费用的确定

对于涉及交强险、第三者责任险、车上人员责任险等险种的人伤损失，定损人员应按相关法律规定和保险合同的约定确定赔偿费用，赔偿项目和赔偿标准应依据《最高人民法院关于审理人身损害赔偿案件适用法律若干问题的解释》确定。

6. 施救费用和残值的确定

施救费用是指保险标的遭遇保险责任范围内的灾害事故时，被保险人或其代理人、雇佣人员为减少事故损失而采取适当措施抢救保险标的时所支出的额外费用，是为避免损失扩大而支出的一个相对较小的费用。施救费用的确定应坚持必要、合理的原则。

残值是指保险人对车辆因事故遭受损失后的残余部分和维修后更换下来的损坏件，按照维修行业的惯例和废旧物资市场行情估算出的价格。车辆因事故遭受损失后的残余部分或损坏维修后更换下来的配件，通常在经再加工后，可产生再利用价值。

残值的处理是指保险公司根据保险合同履行了赔偿并取得受损标的的所有权后，对于受损标的的处理。通常，在赔偿后，所有残值归保险人所有，大多数汽车配件的残值会高于评估的残值。事故车辆更换的配件由保险人收回后不计入残值之内，且残值必须从维修总费用中扣除。对于更换项目中存在可变卖的（如金属制品）或可回收利用的（如可单独提供的氙气灯控制器），也需要从残值中扣除。

📖知识点 3 车损费用的确定和定损系统的操作

1. 车损费用的确定

保险事故的定损包括车辆损失评估、人身伤亡费用确定、其他财产损失评估、施救费用核算、残值处理等。

其中，事故车辆的维修费用主要由三部分构成：修理工时费、材料费和其他费用。

（1）维修工时费

维修工时费的计算公式：

$$工时费＝工时数×工时单价$$

其中，工时数是指实际维修作业项目的结算工时数；工时单价是指在生产过程中，维修事故车辆单位工作时间的维修成本费用、税金和利润之和，是以小时为单位的收费标准。

目前，我国汽车维修价格标准由各省交通厅、物价局根据当地市场和物价指数联合制定，即《机动车辆维修工时定额和收费标准》，行业以此作为机动车辆维修项目的定价依据。但因损伤情况不一，车身钣金维修的工时变化较大，实际计算时应依据具体损失情况来确定所需工时数。

不同的事故车辆损伤情况所需要的费用不同。通常，事故车的维修包括多个维修工序，应分别评估后再加总求和，得到维修总工时数。常见的维修工序有拆装部件（包括玻璃拆装、座椅拆装等）、钣金维修、喷漆维修、机械维修、电工维修及其他。

（2）材料费

材料费的计算公式：

$$材料费＝外购配件费＋自制配件费＋辅助材料费＋材料管理费$$

其中，外购配件费（配件、漆料、油料等）按实际购进的价格结算，外购漆料费、油料费按实际消耗量计算，单价按实际进价结算；自制配件费按实际制造成本结算；辅助材料费是指在维修过程中使用的辅助材料的费用，工时费计价标准中已经包含的辅助材料费不得再次收取；材料管理费是指保险人对维修企业因维修事故车需更换配件而在采购过程中支出的采购、装卸、运输、保管、损耗等费用，以及维修企业应得的利润和出具发票应缴的税金而给予补偿的综合性费用。

相同规格的配件，市场上主要有以下三种价格形式。

厂家指导价：汽车生产厂家对其特约售后服务站规定的配件销售价格。

市场零售价：当地大型配件交易市场销售的原装零配件价格。

生产厂价格：符合国家级质量标准、合法生产和销售的装车件、配套件价格。

保险公司在确定事故车辆修复中需更换的配件价格时，一般采用以市场零售价为基础，再加一定管理费的方法。

零配件材料管理费按零配件材料进货价格的一定比例收取。一、二类综合性修理厂一般为 10％～15％；4S 店、特约维修站可适当上浮，但最高不超过 20％；资质较差的修理厂应适当下浮。

当事故车零配件材料费金额较大时，保险公司应按比例适当降低管理费标准：材料费在 1 万元至 3 万元的，管理费不应超过 10％；材料费在 3 万元以上的，管理费不应超过 20％。

（3）其他费用

其他费用的计算公式：

$$其他费用＝外加工费－残值$$

外加工费是指事故车辆维修过程中，由于委托外加工企业进行加工、维修而产生的费用。外加工费的评估和确定，也需要根据事故车辆的受损情况和维修方案来进行。通过检查和评估，保险公司确定维修工作需要的工时和材料，计算相对应的维修费用。

2. 定损系统的操作

随着车辆定损的业务量和复杂度的逐渐增大，车辆定损工作中出现了配件采购烦琐、采购不统一、报告格式不一致的问题。为了推进车辆定损工作的规范化，满足市场对车辆定损质量和定损效率的要求，保险公司越来越多地使用了车物定损管理系统。

车物定损管理系统主要有车损报告的编辑、业务查询、车辆配件的统计、车损参数的设置、业务归档、转库、升级等功能。

定损系统贴近定损业务，为定损实际工作设置了基本信息管理、更换配件清单管理、维修配件清单管理、车载物品损坏清单管理、结论书管理、项目图片送达回执管理、卷宗目录管理、卷宗封面管理、拆检通知书管理等程序，并能实现多种业务报表的打印。

对于定损工作中最为烦琐的，即对车辆受损配件的定损，定损系统提供了车型配件库，定损人员可直接在配件库中选择相应配件，进行受损配件的添加。

知识点 4 核损

核损是在查勘定损完成后，由核损人员根据查勘人员现场查勘的情况、估损单、损失照片等，核实事故的真实性、发生过程，核定车辆和相关物品的损毁情况，确定车辆维修工时、相关物损的赔偿费用、施救费用的过程。同时，核损人员肩负查勘的管评监督工作、复勘工作、旧件处理工作等。核损是车险理赔风险控制的核心环节。

核损包括事中核损、事后核损和远程同步核损。核损的目的是提高定损的准确性、标准性和统一性。

1. 核损的工作要求

核损时，核损人员要按照标准流程进行操作；认真核对损失照片，迅速核定查勘人员上传的案件情况；熟悉车险定损工作，充分了解当地市场价格、工时费用水准，合理确定相关费用；严格执行车险定损核价运作规范。

2. 核损人员的职责范围

①审核查勘报告、照片、估损单，初步判断事故的真实性。

②比对碰撞事故的事故痕迹、碰撞角度、碰撞高度等，判断碰撞力度可能造成的损坏程度，初步判断事故及损失的可信度。

③核准更换项目、维修项目，核定修复费用。

④核定施救费用。

⑤参照当地相关部门的赔偿标准，结合物损情况、修复措施，合理确定物损赔偿费用。

⑥承担部分复勘工作。

3. 核损的工作流程

(1)选择待核损案件

(2)审核案件

(3)查看报案信息

需查看的报案信息包括出险时间、报案时间、出险地点、出险经过、损失程度、报案人、报案地点、出险驾驶员。此外，核损人员还应分析报案信息的相对风险。

(4)查看保单信息

核损人员应查看车辆信息，包括车牌号码、车架号码、厂牌、车型、使用性质、车辆初次登记时间；查看承保信息，将保险价值与保险金额对比，确定投保人是否足额投保；查看车损绝对免赔率、三者绝对免赔率、绝对免赔额；确认车辆是否由指定驾驶员驾驶，此次事故是否属于投保险种范围；属于玻璃单独破碎险责任的事故，且车辆已投保玻璃单独破碎险的，应明确投保的是国产玻璃还是进口玻璃；对于出险次数超过3次的车辆，应认真分析本次出险的经过及出险原因，判断是否存在骗保的可能。

(5)查看图片信息

①查看标的车辆行驶证。核损人员应检查行驶证年检是否合格、基本信息是否与保单一致、牌照是否在有效期内。

②查看出险驾驶员的驾驶证。核损人员应核对驾驶证上的姓名是否与报案驾驶员的姓名一致，核实准驾车型与实际驾驶车辆是否一致，核实驾驶证有效期。

③查看车辆验标及损失照片。核损人员应确认车架号、车牌号是否与保单和行驶证上的相关信息吻合；查看整体损坏照片，确定撞击部位、碰撞痕迹、受损程度，分析出险经过是否与客户描述相符，判断事故的真实性；查看损坏部位照片，判断损失是否与本次事故相关联；审核车损照片与更换项目及修理项目是否对应、维修和更换是否符合标准。

(6)查看定损系统中的信息

①查看配件更换项目是否与车损一致、配件价格是否符合当地价格标准。

②查看维修项目是否与车损一致、工时费用是否符合当地工时费用标准。

（7）查看查勘和复勘意见

复勘，是复勘人员对事故车辆定损、维修情况的监控，可有效遏制维修厂或其他利益方利用事故车辆在维修过程中的不当获利。复勘可以分为以下三种。

①复勘事故现场。若查勘定损时的现场不是第一事故现场，则复勘人员必须复勘第一事故现场。

②维修过程中的复勘，是复勘人员对维修过程的质量监控，包括结合定损、核损信息对换修标准进行确认等。例如，在一起事故中，事故车辆的前门损坏，刚好介于修复和更换之间，最终多方协商确定更换，定损之后的复勘发现，门并没有更换，而只进行了修复。根据复勘结果，理赔时复勘人员应把前门更换的价格调整为修复的价格，为公司减少损失。

③修复后的复勘，指事故车辆完全修复后，复勘人员检查车辆的实际修复费用是否与定损核损的金额一致。

（8）录入核损意见和赔案相关信息

如果核损人员对事故无疑问，同意定损价格，则核损通过。核损人员在核准平台录入核损意见后，核损结束。如果对案件有疑问或不同意定损，核损人员可将案件退回给查勘人员或发起调查处理。

▶▶ 课中实践

一 知识测评（判断题，正确的画"√"，错误的画"×"；选择题为多选题）

题号	题干	答案	知识链接
1	定损人员需要确定损失具体金额		知识点 1
2	定损人员定损时，若发现车损有异常情况，必须明确要求修理厂不得拆检或修理受损车辆，并立即向相关案件负责人汇报，在得到案件负责人的明确指示后，方可按案件负责人的指示继续定损		知识点 1
3	定损人员需要和修理厂及客户共同确定维修方案		知识点 1
4	保险公司只负责对条款载明的保险责任范围内的事故损失进行经济赔偿，不负责对机械事故、故意行为和以往事故造成的损失的赔偿		知识点 2
5	施救的财产中，若含有保险合同未保险的财产，应按保险合同保险财产的实际价值占总施救财产的实际价值比例与客户分摊施救费用		知识点 2
6	定损完毕后，若修理厂要求增补配件及工时，定损人员应要求修理厂出具书面增补报告		知识点 2
7	材料费是维修工作中需要更换的零件费用和使用的材料费用，如涂料及其配套固化剂、稀释剂等材料的费用		知识点 3

题号	题干	答案	知识链接
8	核损人员根据查勘定损资料复核事故真实性，核定更换项目和以下哪项费用？ A. 修复费用　　　　　　B. 施救费用 C. 物损费用　　　　　　D. 人伤赔偿费用		知识点 4
9	核损人员的职责不包括核定施救费用		知识点 4
10	录入核损意见时，如果核损人员对于事故无疑问，同意定损价格，则核损不一定通过，还需要进一步核损		知识点 4

二 工作任务

1. 任务分组

班级		组号		指导老师	
组长		承担任务			
组员及分工					
姓名	承担任务		姓名		承担任务

2. 任务实践

目标要求	1. 明确定损流程和定损要点，能进行定损 2. 根据定损信息进行核损
时间要求	30 分钟
方法说明	可以采取小组讨论、查询资料的方法来完成
实践具体内容	

序号	活动内容	活动记录
1	认识定损流程	定损的流程顺序应该是（按先后顺序勾选对应正确的选项）： A. 询价和报价　　　　　　B. 确定修理项目和换件项目 C. 确定维修方案并维修　　D. 协商维修项目和价格 □A—B—C—D　　□A—C—D—B　　□B—C—D—A □B—A—C—D　　□B—A—D—C　　□C—A—D—B

续表

2	明确定损要点	(1)事故车的维修和普通维修不同，因为事故车维修的目的是： □确定本次事故造成的损失 □确定哪些零件该换，哪些零件该修且如何修 □确定更换零部件的价格，确定修理所需的工时费 □使机动车恢复到事故发生前的技术状态 □发现和确定车辆在日常使用过程中存在的技术缺陷 □排除车辆保养维护和使用过程中发现的故障，恢复汽车的正常性能 (2)下列不属于保险责任的损失有： □机件疲劳产生的变形和裂纹 □机件的碰撞裂纹 □油封损坏导致的故障 □漏油行驶导致机件损坏的部分 □碰撞导致机件损坏造成的漏油
3	评估修复费用	(1)定损过程中，需要参与的人员有： □保险公司定损人员　□维修技师 □标的车车主/驾驶员 □物损方　□第三者车车主　□第三方鉴定机构 (2)事故车辆的维修费用主要由三部分构成： 事故车辆维修费用=维修工时费+材料费+其他费用 其中，维修工时费= 材料费= 其他费用= (3)请根据李先生案例中事故车的损失情况和查勘定损情况，完成下方的定损报告单
4	核损	定损人员将客户的定损信息上传到系统后，由核损人员对所有查勘定损资料进行审核，下列信息中需审核的有： □报案时间、出险时间　□出险地点　□出险经过 □损失程度　□报案人、出险驾驶员　□报案地点 □驾驶员与车主的关系　□人伤信息　□物损信息

附表：机动车辆保险定损报告单

被保险人			
车牌号码		保单号	
发动机号		VIN 码	
厂牌车型		出险时间	

续表

序号	更换配件名称	数量	价格	管理费	修理项目	工时费

材料费			工时费		
施救费			总扣减残值		

本页未尽之栏目，详见定损明细表

1. 甲（保险公司）、乙（修理厂）、丙（车主）三方经协商，完全同意按甲方核定的价格修理，总计工料费人民币____元。

2. 乙方按甲方核定的项目保质保量修理，且履行甲方核定的修理及换件工作。如有违背，甲方有权向乙方追回价格差额。

3. 乙方保证在____内保质保量完成修理，承诺若违约，愿意赔偿因拖延时间而造成的丙方的损失。

4. 丙方对甲方核定的修理项目和价格无任何异议，如修理价格超标，超标部分由丙方承担。

5. 其他约定：

乙方（修理厂）签章：	丙方（车主）签章：	甲方（保险公司）签章： 查勘定损人： 联系方式：

3. 实施总结

组内的分工情况	
知识点的运用情况	
存在的问题	
改进的措施	

三　学习目标达成情况

序号	学习内容（知识、技能、行为习惯、职业素养）	目标达成情况			
		了解知道	理解掌握	指导下完成	独立完成
1	事故车辆定损流程和定损要点				
2	事故车辆定损的内容				
3	评估事故车辆的维修费用				
4	核损				

课后延伸

一　理论测试

二　任务实施巩固

思维拓展	
问题1	在对事故车进行评估定损的过程中，哪些环节存在道德风险？当事人（投保人或驾驶员、定损人员、修理厂）应该如何规避这些风险呢？
问题2	请思考，怎样在定损过程中体现出"以客户为中心"的服务精神？

任务 4　赔款理算

任务案例

　　王先生在驾驶汽车上班的途中，由于路面湿滑，与对面驶来的另一辆车相撞。王先生的车保险杠被撞裂。王先生立即拨打122向交警报案，同时也向承保的保险公司报了案。交警和保险公司查勘人员先后到达事故现场，交警判定这次事故中王先生负主要责任，对方车主负次要责任。查勘人员查勘现场和定损人员定损后，确定了本次事故的实际损失。那么，对于王先生的车和另一辆车的损失，保险公司应全部赔偿还是部分赔偿呢？应赔偿多少？赔偿金额如何计算？保险公司在赔偿后，还有哪些事要做呢？

课前预习

　　同学们，为了顺利完成本次任务，请在课前扫描右侧二维码，查阅资料，开展预习，熟悉相关应知应会知识点，并完成知识点介绍后的测试。

课前学习资料

知识点 1　赔款理算与赔案缮制

1. 赔款理算

　　赔款理算是赔款理算人员根据被保险人提供的经审核无误的有关费用单证、保险条款、事故证明等确定保险责任及赔款比例，计算汽车保险赔款和缮制赔款计算书的过程。

　　保险事故发生后，首先由交警进行事故处理，查勘人员进行现场查勘并将案件录入理赔系统后，定损人员到定损点定损核价，核价通过后，即进入单证收集环节。所谓的单证收集，就是将查勘定损人员手中的材料和被保险人手中的材料收集到一起的过程。单证收集完成后，案件随即进入赔款理算环节。

　　赔款理算环节是整个理赔过程的检查和复审环节。通过该环节，保险人可进一步检查索赔材料的真实性和合理性，并可对有疑问的材料提出复审意见。赔款理算环节是确保理赔公平公正的关键环节。

2. 赔案缮制

赔案缮制具备一定的特征，即技术性、规范性、完整性和整洁性。

在缮制赔案时，保险公司一般通过赔案缮制系统进行，业务人员只需将该案的定损数据输入系统，系统将自动计算生成赔款计算书，并直接将相关单证装订成案卷。具体赔案缮制流程如图 4.4.1 所示。

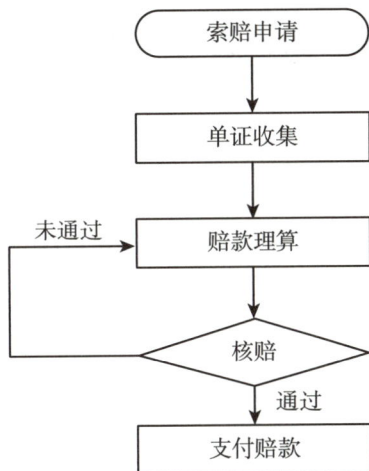

图 4.4.1 赔案缮制流程

赔案缮制的内容包括：①收集审核理赔单证；②赔款理算；③审核保险责任（根据案件信息，核定事故是否属于保险责任，如不属于保险责任，应拒赔）；④缮制赔款计算书，得出赔款金额；⑤与被保险人沟通赔款事宜。

在收集单证、确定保险责任，以及赔款理算结束后，保险人应告知被保险人相关的理赔情况。如案件存在问题，保险人应明确告知被保险人后续处理方式。如案件基本确定，则应告知被保险人赔款支付的相关事宜。

具体操作中，缮制人员应上传单证到理赔系统，录入缮制信息，提交核赔申请。在与被保险人确认赔款及支付方式后，缮制人员应把被保险人提交的单证上传到理赔系统，以便核赔，如索赔书、发票等。为便于统计相关数据，缮制人员还应录入某些相关特殊信息，如拒赔案件、诉讼案件等。

知识点 2 交强险赔款理算

1. 交强险赔款理算方法

（1）赔偿的原则

交通事故损失优先在交强险项下赔偿，不足的部分再由商业险来补充。

（2）交强险赔款计算

按被保险人在事故中是否承担责任，交强险赔付分为有责赔付和无责赔付两类。以2020 年修改的车险新规为例：

如果被保险人有责任，无论责任大小，交强险赔款在死亡伤残、医疗费用、财产损失三个赔偿限额内进行计算。

如果被保险人无责任，交强险赔款在无责任死亡伤残、无责任医疗费用、无责任财产损失三个赔偿限额内进行计算。

交强险赔偿限额如表 4.4.1 所示。

表 4.4.1　交强险赔偿限额　　　　　　　　　　　　　　　单位：万元

	死亡伤残限额	医疗费用限额	财产损失限额
有责	18	1.8	0.2
无责	1.8	0.18	0.01

交强险的赔偿项目包括受害人的死亡伤残费用、受害人医疗费用和受害人的财产损失。交强险的总赔款为各项目的赔款总和，即：

总赔款＝各项损失赔款之和＝死亡伤残赔款＋医疗赔款＋财产损失赔款

各个项目的赔偿金额不得超过其各自的赔款限额。

①当保险事故涉及多个受害人时，则：

某一受害人某项损失的赔偿金额＝交强险该项赔偿限额×

（事故中该受害人的该项损失金额/各受害人该项赔款损失金额之和）

②当保险事故涉及多辆肇事机动车时，则：

某项损失赔偿金额＝该项损失金额×[（某一方）适用的交强险该项赔偿限额/

各致害方交强险该项赔偿限额之和]

案例：A 车肇事造成甲、乙两个行人受伤，甲的医疗费用是 20 000 元，乙的医疗费用是 10 000 元。A 车交强险应赔付甲、乙的医疗费各是多少？

解析：由于 A 车肇事造成行人受伤，被保险人有责，因此交强险医疗费用赔偿限额是 18 000 元。A 车应赔偿的医疗费应为：20 000＋10 000＝30 000 元，大于交强险医疗费用赔付金额。根据赔偿原则，交强险先行赔偿甲、乙两人医疗费用共计 18 000 元，其他部分由商业险进行赔偿。

甲获得交强险赔款＝18 000×20 000/（20 000＋10 000）＝12 000（元）

乙获得交强险赔款＝18 000×10 000/（20 000＋10 000）＝6000（元）

在计算时，还应注意以下特殊情况：

a. 肇事机动车中的无责任车辆，不参与对其他无责车辆和车外财产损失的赔偿，仅参与对有责方车辆损失或车外人员伤亡损失的赔偿。

b. 无责方车辆对有责方车辆损失应承担的赔偿金额，由有责方在本方交强险无责任财产损失赔偿限额内代赔。

c. 一方全责、一方无责的，无责方对全责方车辆损失应承担的赔偿金额，以交强险无责任财产损失赔偿限额为限。

d. 一方全责、多方无责的，无责方对全责方车辆损失应承担的赔偿金额，以各无责方的交强险无责任财产损失赔偿限额之和为限。

e. 多方有责、一方无责的，无责方对各有责方车辆损失应承担的赔偿金额，以无责方交强险无责任财产损失赔偿限额为限，赔款由各有责方车辆平均分配。

f. 多方有责、多方无责的，无责方对各有责方车辆损失应承担的赔偿金额，以各无责方交强险无责任财产损失赔偿限额之和为限，赔款由各有责方车辆平均分配。

g. 肇事机动车中未投保交强险的车辆，视同投保机动车参与赔款计算。

h. 对于相关部门未进行责任认定的事故，统一适用有责任限额。

i. 多辆肇事机动车均有责且适用同一限额的，可简化为各方机动车对受害人的各项损失进行平均分摊。

j. 初次计算后，如果有致害方交强险限额未足额赔偿，同时有受害方损失没有得到充分补偿，则应对受害方的损失赔款在交强险剩余限额内再次分配，在交强险限额内补足。待分配的各项损失合计没有超过剩余赔偿限额的，按分配结果赔付各方；超过剩余赔偿限额的，则按每项分配金额占各项分配金额总和的比例乘剩余赔偿限额来分配，直至受损各方均得到足额赔偿或应赔付方交强险无剩余限额为止。

③受害人财产损失需要施救的，财产损失赔款与施救费累计不应超过财产损失赔偿限额。

④主车和挂车在接连使用时发生交通事故，主车与挂车的交强险保险人分别在各自的责任限额内承担赔偿责任；若交通管理部门未确定主车、挂车应承担的赔偿责任，主车、挂车的保险人对各受害人的各项损失平均分摊赔偿责任，并在对应的分项赔偿限额内计算赔款；主车与挂车由不同被保险人投保的，在连接使用时发生交通事故，按互为三者的原则处理。

⑤被保险机动车投保一份以上交强险的，保险起期在前的保险合同相应的保险人承担赔偿责任，起期在后的不承担赔偿责任。

⑥对依照法院判决或者调解，被保险人承担的精神损害抚慰金，原则上在其他赔偿项目足额赔偿后，在死亡伤残赔偿限额内赔偿。

⑦死亡伤残费用和医疗费用的核定按照《最高人民法院关于审理人身损害赔偿案件适用法律若干问题的解释》规定的赔偿范围、项目和标准，《道路交通事故受伤人员伤残评定》(GB 18667—2002)，《道路交通事故受伤人员临床诊疗指南》，以及交通事故发生地的基本医疗标准进行。

2. "互碰自赔"处理办法

(1)"互碰自赔"的定义及适用条件

交强险"互碰自赔"是建立在交通事故快速处理基础上的一种快速理赔机制。对于事故各方均有责任、各方车辆损失均在交强险财产损失赔偿限额以内、不涉及人员伤亡和车外财产损失的两车或多车互碰事故，由各保险公司在本方机动车交强险财产损失限额内对本方机动车损失进行赔付。

适用条件：两车或多车互碰，各方均投保交强险；仅涉及车辆损失（车上财产损失和车上货物损失），不涉及人员伤亡和车外财产损失，各方损失金额均在 2000 元以内；由交警认定或当事人根据出险地有关交通事故快速处理的法律法规自行协商，确定各方均有责任（包括同等责任、主次责任）；当事人各方对损失金额没有争议，并同意采用"互碰自赔"方式处理；单方肇事事故、涉及人员伤亡的事故、涉及车外财产损失的事故，以及任何一方损失金额超过交强险财产损失赔偿限额的事故，都不适合用"互碰自赔"方式处理。

（2）"互碰自赔"方式的处理原则

①满足"互碰自赔"条件的，各保险公司分别对本方车辆进行查勘定损，并在交强险财产损失赔偿限额内，对本方车辆损失进行赔偿。事故经交警处理的，被保险人可凭交警事故责任认定书、调解书，直接到各自的保险公司索赔；双方根据法律法规规定自行协商处理交通事故的，由保险公司查勘现场，核对碰撞痕迹，若出险地有交通事故集中定损中心，则由各方当事人共同到就近的定损中心进行查勘定损。

②原则上，任何一方车辆损失金额超过 2000 元，就不适用"互碰自赔"方式，而应按一般赔案处理。对三者车辆损失 2000 元以内的部分，保险公司在交强险限额内赔偿，若其他损失在商业险保险范围内，可按照事故责任比例计算商业险的赔偿金额。

③特殊情况下，如当地行业对损失金额限定标准有其他规定的，或事后发现损失金额超过限定标准、已无法勘验第三方损失的，可参照《机动车交强险互碰赔偿处理规则（2009 版）》中的相关规定处理：对被保险机动车的车辆损失在本方机动车交强险赔偿限额内计算赔偿金额，超过限额的部分在本方机动车商业车险限额内按条款规定计算。

④各保险公司"互碰自赔"机制下支付的赔款，不进行清算追偿。

知识点 3　商业险赔款理算

1. 商业险赔款理算方法

在赔偿顺序上，交强险是第一顺序，商业险是第二顺序。

（1）第三者责任险的赔款计算

基本计算公式：

$$赔款＝（第三者人伤总损失＋第三者财产总损失＋$$

第三者车总损失－本车交强险赔偿金额－其他交强险赔偿金额－残值）×事故责任比例

①当"（依合同约定核定的第三者损失金额－交强险的分项赔偿限额）×事故责任比例"等于或高于每次事故责任限额时，

$$赔款＝每次事故责任限额$$

②当"（依合同约定核定的第三者损失金额－交强险的分项赔偿限额）×事故责任比例"低于每次事故责任限额时，

赔款＝（依合同约定核定的第三者损失金额－交强险的分项赔偿限额）×事故责任比例

注：挂车的赔款计算同第三者责任险的计算公式。主车和挂车连接使用时应被视为一体，发生保险事故时，由主车保险人和挂车保险人按照保险单上载明的机动车第三者责任保险责任限额的比例，在各自的责任限额内承担赔偿责任。

（2）车辆损失险的赔款计算

对车辆损失的赔偿费用，是全部或部分损失的费用与施救费之和。

①全部损失：

赔款＝保险金额－被保险人已从第三方获得的赔偿金额－绝对免赔额

②部分损失（保险人按实际修复费用在保险限额内计算赔偿）：

赔款＝实际修复费用－被保险人已从第三方获得的赔偿金额－绝对免赔额

注：关于施救费，若施救的财产中含有保险合同之外的财产，应按保险合同保险财产实际价值占总施救财产实际价值的比例分摊施救费用。

（3）车上人员责任险的赔款计算

①向各座受害人支付赔款时，当"（依合同约定核定的每座车上人员人身伤亡损失金额－应由交强险赔偿的金额）×事故责任比例"高于或等于单次事故每座赔偿限额时，

赔款＝单次事故每座赔款限额

②向各座的受害人支付赔款时，当"（依合同约定核定的每座车上人员人身伤亡损失金额－应由交强险赔偿的金额）×事故责任比例"低于单次事故每座赔偿限额时，

赔款＝（核定的每座人员人身伤亡损失金额－应由交强险赔偿的金额）×事故责任比例

2. 附加险赔款理算方法

（1）车身划痕损失险的赔款计算

车身划痕险可选的保险金额为 2000 元、5000 元、10 000 元或 20 000 元，由投保人和保险人在投保时协商确定。发生保险事故后，保险人依据条款约定在保险责任范围内承担赔偿责任，赔偿方式由保险人与被保险人协商确定。

赔款＝实际修复费用－被保险人已从第三方获得的赔偿金额

在保险期限内，车身划痕损失险的赔款金额累计计算，当达到保险金额时，保险责任终止。

（2）修理期间费用补偿险的赔款计算

保险期间内，投保了修理期间费用补偿险的机动车在使用过程中发生的机动车损失保险责任范围内的事故，造成车身损毁或致使被保险机动车停驶时，保险人按保险合同约定，在保险金额内向被保险人补偿修理期间费用，以弥补被保险人损失。

若全车损失，则按保险单载明的保险金额计算赔偿；若部分损失，则在保险金额内，用约定的日补偿金额乘从送修之日起至修复之日止的实际天数来计算赔偿，实际天数超过双方约定修理天数的，以双方约定的修理天数为准。

（3）车上货物责任险的赔款计算

车上货物责任险的责任限额由投保人和保险人在投保时协商确定。

被保险人索赔时，应提供运单、起运地货物价格证明等相关单据。保险人在责任限额内按起运地价格计算赔偿金额。

发生保险事故后，保险人依据合同条款约定在保险责任范围内承担赔偿责任，赔偿方式由保险人与被保险人协商确定。

（4）精神损害抚慰金责任险的赔款计算

精神损害抚慰金责任险赔偿金额依据有效法律文书或当事人之间达成的且经保险人认可的赔付协议，在保险单所载明的赔偿限额内计算赔偿金额。

（5）法定节假日限额翻倍险的赔款计算

保险期间内，被保险人或其允许的驾驶人在法定节假日期间使用被保险机动车时发生的机动车第三者责任保险范围内的事故，并经公安部门或保险人查勘确认的，被保险机动车第三者责任险的责任限额在保险单载明的基础上增加一倍。

（6）车轮单独损失险的赔款计算

发生保险事故后，保险人依据合同条款约定在保险责任范围内承担赔偿责任。赔偿方式由保险人与被保险人协商确定。一般的计算公式为：

$$赔款＝实际修复费用－被保险人已从第三方获得的赔偿金额$$

注：在保险期间内，累计赔款金额达到保险金额，本附加险保险责任终止。

（7）存在绝对免赔率特约条款时的赔款计算

通常，可选的绝对免赔率为 5％、10％、15％、20％，由投保人和保险人在投保时协商确定，具体约定以保险单载明的为准。被保险机动车发生主险约定的保险事故，保险人按照主险的约定计算赔款后，扣减本特约条款约定的免赔额，即：

$$主险实际赔款＝按主险约定计算的赔款×（1－绝对免赔率）$$

（8）存在发动机进水损坏除外特约条款（减费条款）时的赔款计算

保险期间内，合同中如有该条款，则对于投保了附加险的被保险机动车在使用过程中因发动机进水导致的发动机的直接损毁，保险人不负责赔偿。

（9）医保外医疗费用责任险的赔款计算

被保险人索赔时，应提供由具备医疗机构执业许可的医院或药品经营许可的药店出具的、足以证明各项费用赔偿金额的相关单据。保险人根据被保险人实际应承担的损失，在保险单载明的责任限额内计算赔偿金额。

课中实践

一 知识测评（判断题，正确的画"√"，错误的画"×"；选择题为单选题或多选题，未标注时为单选）

题号	题干	答案	知识链接
1	"主动、迅速、准确、合理"是保险公司在长期理赔工作实践中总结出来的八字原则		知识点 1
2	下列不属于车险理赔资料的是（　　） A. 保单发票　B. 旧件回收单　C. 查勘报告　D. 出险通知书		知识点 1
3	（多选）"互碰自赔"办法适用的情况应满足（　　） A. 事故车辆均在各保险公司投保交强险 B. 在道路上发生两车或多车互碰的道路交通事故 C. 不涉及人员伤亡和车外财产损失，各方车辆损失均在交强险的有责财产损失赔偿限额以内 D. 当事人同意采用"互碰自赔"的方式进行处理		知识点 2
4	赔付率是已发生损失金额与（　　）的比率 A. 当年的总保费　　　　B. 当年总的赔付金额（包含未实赔的） C. 已赚净保费　　　　D. 估损金额		知识点 2
5	在道路交通事故中，机动车无责任时交强险医疗费用赔偿限额为（　　） A. 每次事故 1000 元　　　　B. 每次事故 1800 元 C. 保险期间累计 1000 元　　D. 保险期间累计 1800 元		知识点 2
6	车险改革之后主险可附加的绝对免赔率为（　　） A. 10%、15%、20%、25%　　　B. 5%、10%、15%、20% C. 5%、8%、15%、20%　　　　D. 5%、8%、10%、20%		知识点 3
7	违反第三者责任险安全装载规定的，赔付时应（　　） A. 增加 10% 的相对免赔率 B. 增加 10% 的绝对免赔率 C. 按保险合同约定的赔付额度赔付 D. 视情节严重程度酌情增加免赔额度		知识点 3
8	2020 年车险条款新规中，对发动机涉水导致发动机损毁的，赔偿时应（　　） A. 看保险合同中是否设置了免赔额 B. 根据合同条款来赔付 C. 有 15% 的绝对免赔率 D. 看发动机是否全部损毁，如发动机全部损毁，可免赔 20% 的费用		知识点 3

续表

题号	题干	答案	知识链接
9	若保险车辆的保险金额达到投保时的新车购置价,当发生的损失金额高于出险当时的新车购置价时,应按照(　　)赔偿 A. 保险金额与出险当时的新车购置价之间的比例计算 B. 实际修复费用 C. 投保时与出险时新车购置价之间的比例计算 D. 重置价值		知识点 3

二　工作任务

1. 任务分组

班级		组号		指导老师	
组长		承担任务			
组员及分工					
姓名	承担任务		姓名	承担任务	

2. 任务实践

目标要求	1. 熟悉事故车辆的理赔流程 2. 完成赔款理算	
时间要求	50 分钟	
方法说明	可以采取小组讨论、查询资料的方法来完成	
实践具体内容		
序号	活动内容	活动记录
1	熟悉事故车辆理赔流程	(1)机动车理赔包括以下环节:_____、调度、查勘定损、核损、_____、核赔、_____ (2)(多选题)赔案缮制的内容,包括(　　) A. 收集并审核理赔单证　　B. 对赔款进行理算 C. 审核保险责任　　D. 缮制赔款计算书

续表

2	交强险赔款理算	(1)A 车和 B 车相撞，A 车全责。A、B 两车都投保了交强险。理赔时 B 车的交强险是否应赔付 A 车的车损？＿＿＿＿＿＿＿＿＿＿＿＿ 判定依据是什么？＿＿＿＿＿＿＿＿＿＿＿＿＿＿＿＿＿＿＿＿＿＿＿ (2)按照 2020 年车险新规，如果 A、B 两车车损分别为 2000 元、5000 元，另造成路产损失 1000 元。则： A 车交强险赔偿金额＝ B 车交强险赔偿金额＝
3	车损险赔款理算	李先生驾车时发生交通事故，导致左前车灯、保险杠等损坏，修理费为 5000 元，修理时四轮轮胎由于长时间使用也一并更换，费用为 4000 元。李先生购买了足额车损险，保险金额为 20 万元，请问车损险赔款是多少？为什么？
4	综合车险赔款理算(1)	A、B、C 三车发生交通事故，造成第三方人员甲受伤，A、B 两车各负 50% 的事故责任，C 车和受害人甲无事故责任，受害人支出医疗费用 4500 元。按照 2020 年车险新规计算： (1)A、B、C 三车交强险的赔偿金额分别为 A 车交强险赔款＝ B 车交强险赔款＝ C 车交强险赔款＝ (2)A、B、C 三车对受害人甲医疗费的赔偿应承担的金额分别为 A 车应承担赔款＝ B 车应承担赔款＝ C 车应承担赔款＝
5	综合车险赔款理算(2)	A 车与 B 车发生碰撞事故，造成 A、B 两车受损，B 车驾驶员死亡。交警部门判定 A 车主责，B 车次责。经调解、协商后，定损情况如下。 A 车损失：A 车车损 60 000 元。 B 车损失：B 车车损 25 000 元；B 车司机医药费 12 000 元，死亡赔偿金 180 000 元，丧葬费 10 000 元，死者随身手机 3000 元，被抚养人生活费 150 000 元，处理丧葬事宜的交通费 1000 元，精神抚慰金 30 000 元。

续表

5	综合车险 赔款理算(2)	经查询系统确认，A 车投保情况：投保了交强险和商业险(车损险和第三者责任险，保险金额均为 20 万元)。B 车投保情况：只投保了交强险。 请问：按照 2020 年车险新规，A 车和 B 车分别能获得多少保险赔款？ (1)A 车的交强险赔款＝ 　其中：死亡伤残类赔款＝ 　医疗类＝ 　财产类＝ (2)B 车的交强险赔款＝ 　其中： 死亡伤残类赔款＝ 医疗类＝ 财产类＝ (3)A 车的第三者责任险应赔款＝ (4)B 车的第三者责任险应赔款＝ (5)A 车的车损险应赔款＝ (6)B 车的车损险应赔款＝ 　其他：

3. 实施总结

组内的分工情况	
知识点的运用情况	
存在的问题	
改进的措施	

三　学习目标达成情况

序号	学习内容（知识、技能、行为习惯、职业素养）	目标达成情况			
		了解知道	理解掌握	指导下完成	独立完成
1	赔案缮制流程				
2	交强险赔款理算				
3	商业险赔款理算				
4	附加险赔款理算				

▶▶ 课后延伸

一　理论测试

二　任务实施巩固

思维拓展
问题1　在进行赔款理算时，如何计算交强险和第三者责任险的赔偿？
问题2　请思考，怎样在理算过程中体现出"精益求精"的精神？

任务5　核赔与结案

任务案例

在业务人员对任务2案例中李先生的事故损失进行核损和赔偿理算后，保险赔款就可以支付给李先生了吗？一般还需要经历哪些流程？赔付后应如何结案？

课前预习

同学们，为了顺利完成本次任务，请在课前扫描右侧二维码，查阅资料，开展预习，熟悉相关应知应会知识点，并完成知识点介绍后的测试。

课前学习资料

知识点 1　核赔

1. 核赔的定义

核赔是对整个案件信息的审核。核赔人员通过综合审核给出赔付意见，如果确认赔案符合要求，则核赔通过，案件随即进入赔款支付环节；如果发现赔案不符合要求，则退回相应环节。

2. 核赔的流程

核赔流程如图4.5.1所示。

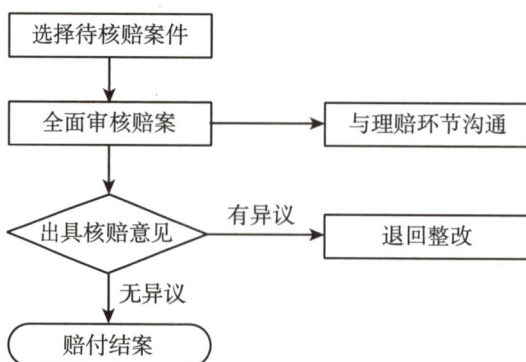

图 4.5.1　核赔流程

3. 核赔的主要内容

核赔的目的是对整个赔案的处理过程进行管控，并针对核赔险种提出防灾防损的具体办法和要求。核赔对理赔工作的质量控制和防灾防损目标的达成都起到重要的作用。

（1）核赔中审核的主要项目

核赔工作中，核赔人员需审核的主要项目有：①保单有效性；②标的及三者车辆；③保险责任；④事故真实性；⑤事故损失；⑥理赔单证；⑦赔款理算；⑧索赔人；⑨支付对象；⑩其他。

（2）核赔的具体工作内容

①审核保单有效性。

核赔人员需审核出险时间是否在保险有效期内，确认被保险人与行驶证车主是否一致、是否具有可保利益。

②审核标的及三者车辆。

a. 审核标的车：核赔人员需核对车牌号、车架号、发动机号，确认出险车辆是否为保险标的车。

b. 审核三者车：核赔人员需核对三者车的车辆外观、车架号、发动机号、牌照号是否与客户报案、查勘照片、交警证明中的一致。

c. 审核三者物：核赔人员需核对三者损失物的外观、型号、数量等是否与客户报案、查勘照片、交警证明中的一致。

③审核保险责任。

各项审核要点如下。

a. 出险时间：是否在有效保险期内。

b. 出险地点：是否在保单载明的范围内。

c. 出险原因：是否承保相应险种，是否属于保险事故，按照近因原则判断原因从而确定事故是否在保险责任范围内。

d. 出险驾驶人：是否为合法驾驶人，是否具标的车辆的驾驶资质。

e. 车辆性质：车辆是否合法，年审情况及使用性质如何。

f. 保单特别约定：是否符合保单特别约定中载明的责任、义务。

④审核事故的真实性。

a. 事故要素应齐全，事故要素包括事故的时间、地点、人物、原因、事故过程和损失结果。

b. 事故表述应一致，即保险信息、查勘信息、核损信息、复勘信息、缮制信息等材料中对于事故的描述应完全一致。

c. 事故发生应具合理性，即事故的时间、地点、经过、结果等需符合常理，具备逻辑关系。

d. 事故应可再现。理论上，任何一起事故都应该能根据情况描述进行再现，同时，事故导致的结果应与索赔原因一致。

⑤审核事故损失。

a. 审核车辆损失：审核车体本身与碰撞物的材料构成、颜色、运动轨迹、碰撞过程、碰撞点等，判断报损项目是否可能由本次事故导致。

b. 审核车辆定损项目，确认的车辆损失程度是否准确合理。

c. 审核更换的零部件是否按照规定进行了报价，定损项目与报价项目是否一致。

d. 审核残值确定是否合理。

e. 审核其他财产损失：通过照片及相关单证审核财产损失是否由保险事故造成。

f. 审核财产损失金额是否合理准确。

g. 审核施救费用：根据案情和施救费用的有关规定，核定施救费用单证是否有效、金额确定是否合理。

⑥审核理赔单证。

审核被保险人按规定提供的单证材料是否齐全有效，有无涂改、伪造，是否符合单证规范要求。

⑦审核赔款理算。

审核赔款理算是否正确，审核免赔率使用是否正确，特别是查勘、核损、复勘意见中指出的需加扣的免赔部分。

⑧审核索赔人。

原则上，索赔人应为被保险人，当索赔人并非被保险人本人时，索赔人应持有相应法律证明（法院判决书，被保险人死亡、失踪证明）或符合法律要求的被保险人委托办理索赔的授权委托书。

⑨审核支付对象。

根据案件实际情况，核赔人员应确认赔款支付对象无误。原则上，赔款只能支付给被保险人或法定受益人。被保险人或法定受益人委托他人领款的，应提供齐全的委托手续，某些特定的情况下，收款人也可以是交通事故受害人、医院、法院等。

⑩其他。

存在特殊情况的，核赔人员应按相关文件规定进行处理。

4. 核赔的退回处理

核赔人员按照审核要求进行赔案审核，重点审核相关环节是否按照要求进行处理，结合各环节的案件处理信息和承保情况综合考虑，给出最终赔付意见。对于无异议的案件，经核赔人员同意，案件将进入赔款支付环节。如果核赔人员对案件有异议，应退回至理赔环节，由相应环节责任人进行进一步的处理。只有当核赔退回时的问题得到完全处理后，相关责任人才能再发送案件给核赔人员审核，核赔人员确认无误后，方可结案。核赔退回时，核赔人员应将问题说明清楚，以便处理人员理解问题；相关问题责任人对于核赔退回案件应及时处理，问题处理完后应及时回复，且回复时应针对核赔人员提出的问题做出处理说明。

知识点 2 赔付结案

赔案经分级审批后，业务人员根据审批的金额，填写机动车辆保险领取赔款通知书，并将赔案编号填写在赔款计算书上，然后通知被保险人领取。同时，理赔内勤需打印赔款收据，赔款收据加盖公司理赔专用章后被视为可支付状态。赔款收据移交至财务部后，财务人员即可支付赔款。被保险人领取赔款时，业务人员应在保单正副本上加盖有"××××年××月××日出险，赔款已支付"字样的条形印章。

被保险人领取赔款后，业务人员要整理理赔案卷。理赔案卷按分级整理、集中留存的原则管理，并按档案管理规定进行保管。案卷应单证齐全，编排有序，目录清楚，装订整齐。业务人员需一单一卷地整理、装订、登记和保管，并按赔案号顺序归档。

▶▶ 课中实践

一 知识测评（判断题，正确的画"√"，错误的画"×"）

题号	题干	答案	知识链接
1	核赔是对整个案件的信息的审核。核赔人员通过综合审核给出赔付意见，如果确认赔案符合要求，则核赔通过，案件进入赔款支付环节；如赔案不符合要求，则不需要退回		知识点1
2	核赔人员审核保险责任时，不需要审核出险时间是否在保险有效期内，只要报案，保险就肯定在有效期内		知识点1
3	审核赔款理算时，核赔人员应审核赔款金额是否正确，审核免赔率使用是否正确，特别是查勘、核损、复勘意见中指出的需加扣的免赔部分		知识点1
4	审核支付对象时，核赔人员应确认赔款支付对象无误。原则上，赔款只能支付给被保险人或法定受益人，他人不可以代领		知识点1
5	核赔退回时，核赔人员应将案件存在的问题说明清楚，以便处理人理解问题		知识点1
6	赔案经分级审批后，业务人员根据审批的金额，填写机动车辆保险领取赔款通知书，并将赔案编号填写在赔款计算书上		知识点2
7	被保险人领取赔款时，业务人员应在保单正副本上加盖有"××××年××月××日出险，赔款已支付"字样的条形印章		知识点2
8	被保险人领取赔款后，保险人只需要整理和留存理赔案卷即可，不需要使案卷编排有序		知识点2

二　工作任务

1. 任务分组

班级		组号		指导老师	
组长		承担任务			
组员及分工					
姓名	承担任务		姓名		承担任务

2. 任务实践

目标要求	1. 明确核赔流程和核赔要点 2. 根据核赔信息完成赔付结案
时间要求	30 分钟
方法说明	可以采取小组讨论、查询资料的方法来完成

		实践具体内容
序号	活动内容	活动记录
1	熟悉核赔流程	
2	了解核赔的主要项目	核赔时应审核事项有： □车辆损失 □车辆定损确定的损失程度是否准确、合理 □更换的零部件是否按照规定进行了报价，定损项目与报价项目是否一致

续表

2	了解核赔的主要项目	□残值确定是否合理 □其他财产损失 □财产损失金额和赔款计算是否合理准确 □施救费用
3	赔付结案	赔案经分级审批后，业务人员根据审批的金额，填写_____通知书，然后通知_____领取赔款，由_____支付赔款

3. 实施总结

组内的分工情况	
知识点的运用情况	
存在的问题	
改进的措施	

三　学习目标达成情况

序号	学习内容（知识、技能、行为习惯、职业素养）	目标达成情况			
		了解知道	理解掌握	指导下完成	独立完成
1	核赔的流程				
2	核赔的主要项目				
3	核赔的退回处理				
4	赔付结案				

课后延伸

一　理论测试

二 任务实施巩固

思维拓展	
问题 1	在进行核赔的过程中,哪些环节存在道德风险?遇到核赔内容有明显的问题时该如何处理?
问题 2	请思考,怎样在赔付结案过程中体现出"以客户为中心"的服务精神?

项目五

法律常识与保险欺诈

项目五

项目描述

交通事故每天都在发生，而保险公司的责任就是在车辆出险后进行保险赔付。一些别有用心的投保人就动了骗取保险赔偿的歪心思。那么，保险公司理赔人员该怎样辨别汽车保险欺诈行为？通过对本项目的学习，我们将了解汽车保险法律法规的相关内容和保险欺诈的预防与识别方法，认识保险、道路交通安全相关的法律法规，了解人身损害赔偿相关文件，熟悉汽车保险欺诈的表现形式和防范措施，具备一定的反保险欺诈的能力和协助客户完成理赔、解答相关问题的能力。

学习目标

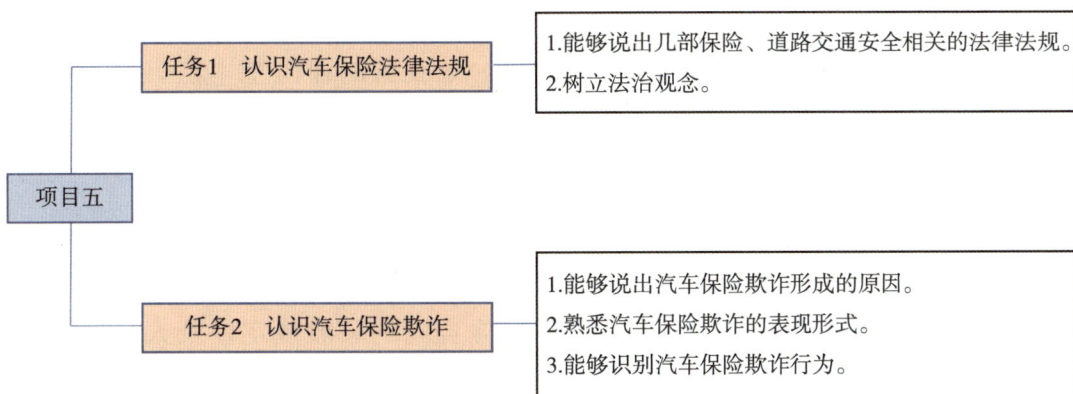

项目五

任务1　认识汽车保险法律法规
1.能够说出几部保险、道路交通安全相关的法律法规。
2.树立法治观念。

任务2　认识汽车保险欺诈
1.能够说出汽车保险欺诈形成的原因。
2.熟悉汽车保险欺诈的表现形式。
3.能够识别汽车保险欺诈行为。

任务1 认识汽车保险法律法规

任务案例

2022年11月21日晚10时左右，叶某驾驶汽车由北往南行驶时，为躲避左侧来车，车辆失控撞向停靠在右侧非机动车道上的一辆客车，造成两车受损，叶某及车内一名乘客受伤，直接经济损失14 000元。经调查，当时叶某行驶速度超过限速标志标明的最高车速。请分析，该案件应该如何处理？保险公司应如何赔偿？

课前预习

同学们，为了顺利完成本次任务，请在课前扫描右侧二维码，查阅资料，开展预习，熟悉相关应知应会知识点，并完成知识点介绍后的测试。

课前学习资料

知识点 1 保险相关法律法规

1.《中华人民共和国保险法》

（1）施行时间与修改情况

《中华人民共和国保险法》（以下简称《保险法》）是我国的保险基本法，自1995年10月1日施行以来，经历四次修改（一次修订和三次修正）。

（2）主要内容

①总则。总则规定了商业保险含义、法律适用地域、保险经营单位、保险监管机构等。

②保险合同有关规定。《保险法》中给出了保险合同的一般规定以及人身保险合同和财产保险合同的分别规定。

③保险公司有关规定。《保险法》中给出了保险公司设立条件、保险公司设立须提交的材料等内容。

④保险经营规则。《保险法》中规定了保险公司业务范围、资金运用、保险公司员工行为规范等内容。

⑤保险代理人和保险经纪人有关规定。《保险法》中规定了保险代理人和保险经纪人的

工作准则。

⑥保险业的监督管理规定。《保险法》中规定了条款与费率的监管方法及对保险公司监管的方法。

⑦法律责任。《保险法》中给出了对保险公司、保险中介等的违法行为的具体处理规定。

⑧附则。

2.《机动车交通事故责任强制保险条例》

（1）施行时间

《机动车交通事故责任强制保险条例》（以下简称交强险条例）自 2006 年 7 月 1 日在全国范围内施行以来，经历四次修订。

（2）主要内容

①机动车交通事故强制责任保险的含义。交强险条例规定，机动车交通事故责任强制保险是由保险公司对被保险机动车发生道路交通事故造成的本车人员、被保险人以外的受害人的人身伤亡、财产损失，在责任限额内予以赔偿的强制性责任保险。

②基本原则。交强险条例规定，投保人应遵循最大诚信原则，在投保时，应当如实告知保险公司与标的有关的重要事项。

③保险合同。交强险条例对合同的生效、解除、变更、续保等作了具体规定。

④保险赔偿。交强险条例对赔偿的范围、拒赔情况、追偿的条件、赔偿的注意事项等作了具体规定。

⑤监督管理和相关法律责任。交强险条例规定，国务院保险监督管理机构依法对保险公司的机动车交通事故责任强制保险业务实施监督管理。

知识点 2　道路交通安全相关法律法规

1.《中华人民共和国道路交通安全法》

（1）施行时间与修改情况

《中华人民共和国道路交通安全法》（以下简称道路交通安全法）自 2004 年 5 月 1 日施行以来，共经历三次修正。

（2）主要内容

①总则。总则规定了法律适用对象、交通安全管理部门等。

②车辆和驾驶人。道路交通安全法规定了对车辆的管理办法和对驾驶人员的管理办法等内容。

③道路通行条件。道路交通安全法规定了道路交通信号、特殊情况下的通行条件等内容。

④道路通行规定。道路交通安全法规定了道路通行的一般规定以及对机动车、非机动

车、行人、乘车人、高速公路通行的分别规定。

⑤交通事故处理。道路交通安全法规定了事故后驾驶人义务、事故的自行协商处理方法、事故的认定方法、事故损害赔偿的争议处理方法、抢救费用的支付与垫付规则、责任的确定方法等内容。

⑥其他部分。执法监督部分规定了公安机关交通管理部门的执法行为和具体监督行为等内容。法律责任部分规定了对驾驶人违规的处罚、对车辆违规的处理办法等内容。

2.《中华人民共和国道路交通安全法实施条例》

（1）施行时间与修订情况

《中华人民共和国道路交通安全法实施条例》（以下简称道路交通安全法实施条例）自2004年5月1日起施行，修订版自2017年10月7日起施行。

（2）主要内容

①机动车的有关规定。道路交通安全法实施条例规定了机动车登记种类及相关事项、机动车强制报废制度、行驶记录仪配备、车辆安全技术检验等内容。

②机动车驾驶人的有关规定。道路交通安全法实施条例规定了机动车驾驶证的有效期、实习期以及不能驾车的情形等内容。

③机动车通行规定。道路交通安全法实施条例规定了机动车载物、载人、牵引挂车、牵引故障机动车时的要求以及漫水路段安全行驶规范等内容。

④附则。道路交通安全法实施条例规定了对拖拉机的管理办法等内容。

3.《道路交通事故处理程序规定》

（1）施行时间与修订情况

我国现行的《道路交通事故处理程序规定》（以下简称处理程序规定）自2009年1月1日起施行，修订版自2018年5月1日起施行。

（2）主要内容

①总则。处理程序规定规定了法规制定目的和处理道路交通事故的交警应具备的资格等内容。

②报警和受案的有关规定。处理程序规定规定了道路交通事故当事人应当报警的情形和对现场未报警而事后又报警的处理规定等内容。

③自行协商和简易程序。处理程序规定规定了自行协商的情形、简易程序的适用范围等内容。

④调查的有关规定。处理程序规定规定了道路交通事故调查的交警数量范围、非道路交通事故的处理方法、抢救费用垫付、人身伤害程度认定依据等内容。

⑤认定与复核的有关规定。处理程序规定规定了道路交通事故责任判定依据和道路交通事故认定书规范等内容。

⑥损害赔偿调解。处理程序规定规定了损害赔偿调解日期和程序等内容。

⑦附则。处理程序规定规定了道路交通事故处理资格等级管理规定、车辆发生非道路交通事故处理办法、法律文书式样规范等内容。

4.《机动车驾驶证申领和使用规定》

（1）施行时间与修改情况

《机动车驾驶证申领和使用规定》自 2004 年 5 月 1 日施行以来，经历五次修改。

（2）主要内容

①机动车驾驶证有关规定。该法规主要规定了驾驶证内容、准驾车型、驾驶证有效期、不适宜驾驶年龄等内容。

②申请、考试和发证有关规定。该法规主要规定了军队、武警部队或境外驾驶证换证条件等内容。

③换证、补证和注销有关规定。该法规主要给出了驾驶证的换证和注销规定等内容。

④记分和审验有关规定。该法规主要规定了驾驶证的记分规则和审验时的体检要求等内容。

⑤附则。附则主要规定了驾驶证的样式规范、拖拉机驾驶证管理规定等内容。

知识点 3　人身损害赔偿相关文件

1.《最高人民法院关于审理人身损害赔偿案件适用法律若干问题的解释》

（1）施行时间与修改情况

《最高人民法院关于审理人身损害赔偿案件适用法律若干问题的解释》自 2004 年 5 月 1 日施行以来，经历两次修改。

（2）主要内容

①因就医治疗支出的各项费用以及因误工减少的收入的有关规定。该司法解释给出了医疗费、误工费、护理费、交通费、住宿费、住院伙食补助费、必要营养费的标准。

②受害人因伤致残情况的赔偿项目。该司法解释给出了残疾赔偿金、残疾辅助器具费、被扶养人生活费、必要的康复费、护理费、后续治疗费的标准。

③该司法解释规定，受害人死亡的，除应当根据抢救治疗情况赔偿医疗费、误工费、护理费、交通费、住宿费、住院伙食补助费、必要的营养费等相关费用外，还应当赔偿丧葬费、被扶养人生活费、死亡补偿费以及受害人亲属办理丧葬事宜支出的交通费、住宿费和误工费等费用。

④该司法解释给出了精神损害抚慰金的标准。

2.《道路交通事故受伤人员伤残评定》

（1）发布时间

《道路交通事故受伤人员伤残评定》于 2002 年 3 月 11 日由原国家质量监督检验检疫总局发布，为强制性国家标准。

（2）主要内容

根据道路交通事故受伤人员的伤残状况，《道路交通事故受伤人员伤残评定》将受伤人员伤残程度划分为 10 级，从第一级（100％）到第十级（10％），每级相差 10％，并对每级伤残的评定依据都作了详细规定。

▶▶ 课中实践

一　知识测评（判断题，正确的画"√"，错误的画"×"）

题号	题干	答案	知识链接
1	车主可以不投保机动车交通事故责任强制保险		知识点 1
2	任何单位都可以投保交强险		知识点 1
3	事故发生后，报案的时间可以无限期延长		知识点 1
4	车辆投保时，商业险是必须购买的		知识点 1
5	双车事故涉及人伤的，或者单车事故损失较大的，无论哪方，第一时间都要拨打急救电话		知识点 1
6	对方酒驾造成的事故，可以收钱私了		知识点 2
7	报案时，可以根据当时情形夸大事故损伤		知识点 2
8	现场查勘时若遇客户酒驾，应要求客户取消报案		知识点 2
9	取得 A2 驾驶证的驾驶员可以开所有机动车		知识点 2
10	驾驶证过期不要紧，可以等有空的时候再去车管所更换		知识点 2
11	《道路交通事故受伤人员伤残评定》于 2002 年 3 月 11 日由原国家质量监督检验检疫总局发布，为强制性国家标准		知识点 3
12	根据道路交通事故受伤人员的伤残状况，《道路交通事故受伤人员伤残评定》将受伤人员伤残程度划分为 10 级，从第一级（100％）到第十级（10％），每级相差 10％		知识点 3

二　工作任务

1. 任务分组

班级		组号		指导老师	
组长		承担任务			
组员及分工					
姓名	承担任务		姓名	承担任务	

2. 任务实践

目标要求	1. 熟悉保险、道路交通安全相关的法律法规 2. 回答任务案例中的问题
时间要求	30分钟
方法说明	可以采取小组讨论、查询资料的方法来完成

实践具体内容		
序号	活动内容	活动记录
1	认识《保险法》	《保险法》自_____年____月____日起施行，经历____次修改（____次修订和____次修正）
2	理解机动车交通事故责任强制保险的含义	机动车交通事故责任强制保险是由_____对被保险机动车发生道路交通事故造成的_____、_____以外的受害人的_____、_____，在_____内予以赔偿的强制性责任保险
3	案例分析	(1)案例中叶某的行为是否违法？ A. 违法　　　　B. 不违法　　　　C. 不清楚 (2)如果违法，案例中叶某的行为违反了哪部法律法规？ A.《保险法》　　B. 道路交通安全法　C.《中华人民共和国民法典》 (3)如果叶某的车只投保了交强险，而没有投保商业险，那么保险公司应如何赔偿？
4	案例拓展	(1)如果案例中叶某因交通事故而伤残，伤残评定时的依据文件有哪些？ (2)《道路交通事故受伤人员伤残评定》将受伤人员伤残程度划分为_____级，从第_____级（100%）到第_____级（10%），每级相差_____%

3. 实施总结

组内的分工情况	
知识点的运用情况	
存在的问题	
改进的措施	

三　学习目标达成情况

序号	学习内容(知识、技能、行为习惯、职业素养)	目标达成情况			
		了解知道	理解掌握	指导下完成	独立完成
1	保险相关法律法规				
2	道路交通安全法的主要内容				
3	交强险条例的有关内容				
4	我国对驾驶证有效期的法律规定				
5	人身损害赔偿相关文件				

课后延伸

一　理论测试

二　任务实施巩固

思维拓展	
问题1	人身损害赔偿相关的文件主要有哪些?
问题2	为什么要学习道路交通安全法?保险公司的保费制定与该法之间应有怎样的关联?

任务 2　认识汽车保险欺诈

任务案例

2022 年 10 月 13 日 23 时左右，驾驶人胡某向保险公司报案称，其驾驶轿车 A 在行驶过程中，为了躲避行人而与李某驾驶的轿车 B 追尾，致使轿车 B 撞向路边的树，两车均受损而未有人员伤亡。

接到报案后，保险公司立刻派查勘人员到现场查勘。轿车 A 的前保险杠、前照灯组件、风扇、散热器等损坏；轿车 B 前风窗玻璃、前照灯组件损坏，后保险杠防撞条出现裂纹，前保险杠骨架和散热器框架均存在一定角度的弯曲变形。

事前，轿车 A 投保了交强险、车损险、第三者责任险及附加绝对免赔率特约条款。鉴定机构对事故现场的损失进行鉴定，认定轿车 A 总损失为 11 万元，轿车 B 总损失为 24 万元，路边树木损失为 1000 元。保险公司现场查勘后，发现这起事故有伪造现场、骗取巨额保险金的嫌疑，于是向有关部门报案。

交警和保险公司随后对事故现场进行了复勘，发现出险地点道路平坦。在对碰撞树木进行测量后，发现其上的碰撞痕迹与轿车 B 前机盖、前保险杠骨架、散热器框架等构件所呈现的碰撞痕迹不符。轿车 A 前机盖前沿的离地高度与轿车 B 尾灯的离地高度不一致，碰撞时显然不可能发生接触。从碰撞程度分析，两车在追尾碰撞过程中，首先发生接触的应是双方车辆的保险杠，在保险杠发生严重变形的情况下，保险杠后方其他部件才能被破坏。轿车 A 的散热器框架严重变形、断裂，其后方的散热器和风扇也已受损，而被追尾的轿车 B 后保险杠受损却很轻微，这既不符合碰撞规律，又不符合能量守恒定律。

在对当事人进行询问的过程中，轿车 A 驾驶人胡某称车损是与李某的车相撞造成的，坚决否认故意制造事故。在警方的一再盘问下，轿车 B 驾驶人李某迫于压力，向警方供认了事情真相。原来，胡某和李某本就相识，李某是某修理厂老板。由于轿车 A 的保险马上到期，胡某先驾车撞墙，然后从李某的修理厂借来一辆先前已受损的高档轿车 B，拼凑了此次事故，并彼此承诺在骗保成功后共享赔款。

此案性质恶劣，经司法部门调查处理，双方当事人受到了法律的惩罚。

▶▶ 课前预习

同学们，为了顺利完成本次任务，请在课前扫描右侧二维码，查阅资料，开展预习，熟悉相关应知应会知识点，并完成知识点介绍后的测试。

课前学习资料

知识点 1　保险欺诈概述

1. 保险欺诈的定义

保险欺诈是指投保人、被保险人或受益人以骗取保险金为目的，以虚构保险标的、编造保险事故或保险事故发生原因、夸大损失程度等手段，致使保险人陷于错误认识而向其支付保险金的行为。

2. 保险欺诈现状

在美国，保险欺诈犯罪是白领阶层犯罪比例最高的领域。据美国保险信息学院估计，2012 年，保险赔款总支出的 10%～20% 落到了骗保者的手中，财产保险欺诈使保险人损失了 310 亿美元，估计每年各种各样的保险欺诈总金额为 1850 亿～2200 亿美元。据美国保险犯罪局估计，保险欺诈使每个家庭年均增加 200～300 美元的保费。

近年来，随着保险业的蓬勃发展，保险欺诈扩大趋势明显，因欺诈而导致的支出占总赔款的比例不断攀升。

在我国，由于市场经济的逐步建立，汽车保险业务发展很快。各家保险公司在抢占车险市场的同时，也为各式各样的车险骗赔行为所困扰。20 世纪 80 年代末期，诈骗犯罪中涉及保险欺诈的仅占 2% 左右，这个数字在 2004 年为 9%，2009 年为 12%，2018 年则上升到 16%。这里的 16%，还是个非常保守的数字，因为它不包括骗赔成功、尚未发现的那部分，也不包括保险公司存疑，但因缺少过硬证据，其拒赔主张未被司法部门采纳的那一部分。

据统计，车险赔付率只有控制在 60% 以内，保险公司的经营才能保本或盈利。而实际上，目前我国的车险业务却存在大面积的亏损，部分省份的车险综合赔付率高达 73%。与其他保险诈骗相比，车险骗赔具有金额小、数量多、随机性大的特征，故更难被发现。

3. 保险欺诈的影响

由于保险欺诈现象的存在，保险业不得不将其作为一种不可避免的风险因素来应对，在经营过程中进行必要的规避。

保险公司在开发新险种时应考虑道德风险。对于一些市场急需的险种，由于畏惧保险欺诈，在尚未找到行之有效的防范措施之前，保险公司一般不敢贸然推出。计算保险费时，保险公司不得不将保险欺诈考虑在内，这不但增加了投保人的负担，也给保险业的正常经营增加了难度，从而给保险业的健康发展造成了负面影响。

保险欺诈现象的存在使理赔人员在理赔时如临大敌，整日为识别案件的真伪而奔忙，从而导致查勘费用大幅度增加。"投保容易理赔难"的说法有一部分来源于因保险欺诈而导致的保险公司的拒赔案件，其他被保险人员不明个中缘由，受到舆论的影响而得出了这样一个片面的结论。这不仅给保险公司的经营声誉造成了巨大的无形损害，也极大地影响了保险业的健康发展。

知识点 2 汽车保险欺诈形成的原因

产生汽车保险欺诈的原因是多方面的，不仅有投保人、被保险人和受益人方面的原因，也有保险公司和社会方面的原因。

诚信的缺失固然是骗赔行为产生的社会根源，但保险公司的粗放经营、反欺诈手段的落后和追罚不力，也使骗赔者获得了低成本的巨大杀伤力。

1. 社会原因

（1）诚信体系和健全的监控机制的缺失

在一些人看来，投保人、被保险人或受益人欺骗保险公司是一种可以原谅的过错，并不是什么违法行为。这种社会评价，无疑对汽车保险的欺诈活动起了推波助澜的作用。由于缺乏社会公众的监督和有效的道德谴责，保险欺诈者在实施欺诈行为时，往往有恃无恐。不少恶意的骗保者得逞以后，保险公司就很难再找到骗保者。在信用机制健全的情况下，骗保事实一经确认，当事人的信用记录中就会留下不良记录，这可以在某种程度上减少保险欺诈行为的发生。

（2）部分判例的影响

在现有的部分司法判例中，出于保护被保险人的考虑，司法部门选择驳回了保险公司的拒赔主张，使某些别有用心的被保险人得到了赔偿。

2. 投保人原因

汽车保险之所以能够吸引保险欺诈分子的注意，是因为保险合同规定：在不发生保险事故时，保险公司只收取保险费而没有赔偿义务；当发生保险事故时，保险人需赔偿比保险费高得多的费用给投保人。在高额赔偿的诱惑下，某些缺乏道德或因为种种原因而需要摆脱困境的人，试图通过铤而走险的方式来获取额外利益。

（1）法规观念淡薄

某些投保人或被保险人法治观念淡薄。他们对保险相关法律法规不熟悉，分不清罪与非罪的界限，认为即使诈骗行为被识破，充其量不过是被保险公司拒赔而已。他们守法意识不强，自以为骗赔手段诡秘，可以瞒天过海。

（2）意图牟取暴利

有些投保人企图在投保汽车保险后故意制造事故，以较少支付保险费的代价获取保险公司的高额赔偿，从而实现发财的目的。这类投保人的投保动机和欺诈动机相一致，即投保就是为了伺机欺诈。因此，保险合同成立后，这类投保人就会积极谋划实施欺诈行为。

（3）偶然因素干扰

有些投保人原来并没有利用汽车保险进行欺诈的念头，只是受某种偶然因素的诱导，比如他人提醒，才产生了欺诈的念头，所以这类投保人若无偶然因素干扰，其保险欺诈行为就不会产生。

3. 保险公司原因

第一，保险公司对防范保险欺诈的重视不够，目前多数公司仍未设立专门的反欺诈机构。

第二，保险业信息交流不畅。很多保险公司视彼此为竞争对手，很少互相通报骗保、骗赔信息，从而使一些居心不良的欺诈分子屡屡得逞。一些保险公司被诈骗后，为顾及自己的信誉和影响，往往采取低调处理，这也使保险欺诈者更加有恃无恐。

第三，承保程序不科学。例如，为了减少查勘成本，允许汽车修理厂代为索赔；发生事故后，保险公司不派员工去现场查勘，而是等车辆修好之后，凭发票予以赔付；确定赔付金额时，往往以有关证明作为唯一依据，而有些证明可能与事实不符。所以，不科学的理赔程序客观上为保险欺诈打开了方便之门。

第四，保险公司对某些已经识破了的欺诈行为处理过松，往往仅满足于追回被骗取的保险金或不承担赔偿责任，而不愿追究骗保人相关的法律责任，这助长了保险欺诈人员的气焰。

第五，理赔人员工作能力有待进一步提高。部分理赔人员把握不住理赔关，给欺诈者以可乘之机，甚至有某些理赔人员禁不住金钱的诱惑，同欺诈者内外勾结，共同骗取保险金。

知识点 3　汽车保险欺诈的表现形式

1. 不法分子的骗保手段

在汽车骗保案中，不法分子经常采取的手段有：编造事故、编造原因、制造事故、扩大损失、重复索赔、故意碰撞、联合骗保、更换劣件、酒后换驾等。其中扩大损失和重复索赔最为常见。在众多的车险骗保者中，比例较高的是修理厂和保险代理人。他们利用客户委托其索赔的机会，在修理过程中"偷梁换柱"，向保险公司索要高额保险赔偿金后只转交客户部分赔偿金来赚取差价的现象尤为严重，这种案件约占全部骗保案件的1/3。

2. 保险欺诈的主要表现

（1）虚假告知，不够诚信

根据保险的最大诚信原则，如实告知是投保人必须履行的义务之一，投保人应告知与保险标的有关的所有有利与不利的事实，以便保险人确定是否承保该标的以及保费、保险金额的高低。

有的被保险人出于某种目的或期望，为用较低的缴费获得较高的保障程度，往往采取虚报、漏报、错报、高报等手段，提供假的证明材料欺骗保险人，使不具备投保资格的标的车混入保险标的行列。这种行为扩大了保险损失发生的概率，使被保险人交纳的保险费与保险公司承担的保险责任不相符，增加了保险公司的经营风险。甚至有的被保险人会为在脱保期的汽车或已经丢失了的汽车投保，等保险合同生效后，再以标的物丢失为由提出索赔。

（2）出险在先，投保在后

有的不法分子在汽车出险时尚未投保，出险后才予以投保，然后伪装成在合同期内出的险，以达到获取汽车保险赔款的目的。

不法分子实施"先险后保"欺诈手段时，一般采用伪造出险日期或保险日期的做法。伪造出险日期时，一般是通过社会关系，让有关人员出具假证明，或伪造、编造事故证明，待投保后方按正常程序向保险人报案索赔。对于这类案件，保险人即使派人去现场复勘，若不深入调查，也很难察觉。伪造保险日期时，一般是串通保险公司签单人员，内外勾结，利用"倒签单"手法，把起保日期提前至出险日期之前，瞒天过海，浑水摸鱼。有的车主在保险到期脱保后，要求保险人按上年保单终止日续保的，也可能属于此类欺诈。

无论采取何种手段，"先险后保"案件有个明显的特点，即投保时间与报案时间非常接近，因此，对这两个时间比较接近的案件务必严查。

"先险后保"欺诈手段比较简单，虽然经常发生，但只要保险公司严格承保手续，及时进行查勘，是完全能够防范的。

（3）改变用途，出险索赔

汽车保险与其他财产保险一样，保险费的缴纳标准是与标的物的风险程度和保障程度相对应的。在同等保障程度下，风险程度越高的标的物，应缴纳的保险费也就越高。

若是起初按照非营运属性投保的汽车，在经过一段时间之后，改变了用途，开始从事营运。由于这一改变增大了汽车的使用风险，投保人应该及时告知保险公司并按照营运汽车的保险费标准缴纳保险费，但部分投保人基于不想增加保险费的考虑，没有将这一变化及时告知保险公司，导致风险程度大幅增加而出险。此时，这类投保人又会隐瞒用途改变的事实而企图得到保险赔偿，这种行为也是一种常见的保险欺诈。

（4）无中生有，谎报出险

这是指投保人、被保险人或受益人在保险期间内对并未发生的损失向保险公司提出索赔的行为。部分居心不良的被保险人常通过制造虚假事件、更换报废零部件、将单方事故伪造为双方事故、在本不属于保险索赔范围的事故后制造事故等手段实施欺诈。

为了取得保险公司的信任，这类被保险人造假往往会采取唆使、收买他人使其提供虚假证明、资料或其他证据，伪造或变造修理发票，伪造证明，篡改事故责任认定书等不法手段。

（5）编造原因，隐瞒真相

事故发生后，对于事故所造成的经济损失，若依据保险合同属于免责范围，或者需要车主本人承担较高赔偿的比率，部分被保险人就会想方设法地编造事故原因、隐瞒事故真相，以此来欺骗交警、欺骗保险公司的查勘人员。为达到此目的，他们往往采取欺骗手段骗取警方的事故责任认定书，或者篡改、伪造事故责任认定书。

（6）报案不实，夸大损失

这是指出险汽车的真实损失很小，被保险人却故意夸大损失程度来骗取赔款。在保险事故发生后，他们常通过制造伪证、虚报损失等手段来夸大损失、企图获取更高的赔付金额。由于欺诈手段比较低劣，这种行为很容易被保险公司发现。

（7）二次撞击，扩大损失

扩大损失是指保险事故发生后，被保险人为了获得高额的保险赔偿，放任损失的继续扩大，甚至故意扩大标的的损失程度。

①扩大损失的基本形式如下。

一般来说，车主、汽车修理厂通过扩大损失骗保的案件比例约为3∶7，因担心车主无法接受自己的车子被故意撞击，加重损伤，大多数修理厂都是背着车主对受损车辆"动手脚"的。

a.被保险人自身扩大的损失。

被保险人的汽车确实发生了碰撞，但基于种种考虑，在向保险公司最终报案时，被保险人扩大了损失。这些原因主要有以下几点：

其一，汽车的碰撞程度偏轻，不值得索赔，车主自行决定或在修理厂的建议下进行了二次碰撞。

其二，由于保险条款将一些特定损坏规定为责任免除，被保险人为获取赔款，故意造成保险责任范围内的事故，把不应赔偿的事故，通过故意造险进行掩盖，使其变成能获得赔偿的责任事故。如停放在家属院中的汽车，对于左侧前照灯出现的不明原因的损坏，保险公司是不予赔偿的。但为了获得保险公司的赔偿，驾驶员故意开车撞墙，导致保险杠左侧、左侧前照灯、角灯等一起损坏，而在报案时谎称这些是自己开车时不小心撞坏的。保险公司如不能识别其诈骗企图并拿到诈骗证据，则很容易给予赔偿。

其三，发生交通事故后，双方已经"私了"，无责方拿到了对方的赔款，但又不想再拿出钱来修车，便通过再碰撞的方式制造假现场，让保险公司赔偿。

其四，有时发生的交通事故责任明确，双方也达成了"私了"意见，但保险公司却不认可。车主在气恼之下，便故意再撞一次，然后谎称是不小心撞的。

其实，如果交通事故损失较小且责任明确，保险公司可以与车主签订快速处理协议，这样被保险车辆通常都能拿到赔偿金。如果交通事故责任模糊，各方损失又都很严重，车主提供的资料与事故现场又不太相符，车主就必须提供相应的证明材料（如交通事故证明等）。因此，如果两辆车追尾或轻微擦碰，在事实认定比较清楚、双方承认事故责任的情况下，事故双方可以去交通管理部门开具证明。有了交通管理部门的责任认定书，保险公司一样会赔偿损失。

b. 车主与修理厂联手共同扩大的损失。

若车主与修理厂联手，共同扩大事故损失，则这时车主获得了免费维修，修理厂获得了维修利润。

c. 修理厂擅自扩大损失。

这是指车主将车送到修理厂去保养、维修时，不法经营厂家设法留下车主的身份证、行驶证、保险单等，等车主走后，将车再次碰撞，扩大损失，然后向保险公司索赔，以获取高额的维修利润。

骗保案之所以频繁发生在修理厂，是因为高额修车利润对不法厂家的诱惑较大。假如两辆车只是轻微擦碰，到了修理厂，就有可能被加大损失部位，修理费自然也就相应增加了。对于修理厂来说，车辆损失的部位越大，所获得的利润也就越高。

汽车维修的利润主要由两部分组成：一是工时费（通常可以达到25％左右）；二是材料管理费。修理厂承接事故车时，可以既向保险公司索要正常更换部件的费用及维修工时费用，又将出现问题的零部件更换为一个价格低廉的组装件甚至劣质件，以获得额外利润。如果修理厂进行"代撞"骗保，通常会事先将完好且价高的零部件拆卸下来，这样材料费的利润就可以上升50％～500％。因此，汽修厂都愿意承修投保了车损险的事故车，因为与普通的故障车相比，维修这种车的利润高得多。而一些进口的老旧车型则更受欢迎，这是由于这些车逐渐退出了市场，配件难寻且价格高昂，只要发生保险事件，车主就容易得到大笔赔款。

②修理厂扩大汽车损失的主要做法如下。

a. 利用保险人员的缺席。

部分维修人员利用保险公司工作人员不肯自行前往评估的机会，多估、多报车辆损失。

b. 利用他人正在维修的车辆。

维修人员利用他人正在维修的车辆，故意制造事故，然后串通保险公司的理赔人员，骗取保险赔偿，达到"两方受损，三方受益"（保险公司、车主受损，修理厂、负责制造撞车事故的修理工、保险公司理赔人员受益）的目的。

③修理厂"代撞"内幕。

a. 瞒着车主撞：对客户送来的维修车辆原本受损的地方进行二次撞击，扩大受损面。

b. 征得车主同意后撞：不法人员通过告诉车主"许多部件可能存在老化现象，不美观、不安全，需大修，价格会很高，假如让修理厂帮忙撞一下，将相关部件撞坏后，找保险公司索赔，就能把相关部件都修好，而且无须自己花钱"等，来唆使车主同意"代撞"。

（8）故意造案，骗取赔款

这是指被保险人故意使投保的车辆出险，造成损失，以谋求骗取赔款的行为。例如，对于趋于报废、价值较低而车辆损失保险保额又较高的汽车,被保险人在获取高额赔款的欲望驱动下,可能会故意制造事故。在这类案件中,出险时间、地点往往被精心选择,所以查处难度较大,尽管保险公司会怀疑,但往往很难找到证据。

(9)移花接木,混淆视听

所谓"移花接木"造假骗局,主要有以下几种形式。

其一,无证驾驶或酒后驾驶发生事故后,找具有正常驾驶资格的人顶替真实驾驶员承担责任。

其二,正常维修的车辆被换上损坏了的旧件,然后假冒原车损坏件向保险公司索赔。

其三,一辆已经定损、索赔了的车,被换上另外一辆车的牌照后,再次索赔。

其四,故意混淆事故责任,改变保险公司的赔偿金额。

其五,个别汽车修理厂接到客户的受损车辆后,用较低档的材料为客户修理,却以高档材料的价格向保险公司索赔,以此赚取不同档次材料费用的差价。

(10)一险多报,重复索赔

这是汽车保险理赔中最常见、最普遍的现象。常见的一险多赔诈骗案有三种形式。

①一次事故向多个保险人索赔。

这种属于重复投保。投保人从多家公司购买保险,但并不将该情况通知各保险公司。发生事故后,持各公司的保险单分别索赔,以获取多次赔偿。由于重复保险多蓄谋已久,且隐蔽性极高,再加上各保险公司之间信息不流通,所以欺诈成功率很高。

②一次事故多险索赔。

在车辆货物损失后,投保人可同时在车上货物责任险和货物运输险项下索赔。若保险公司内部横向信息沟通不畅,投保人便能成功索赔。

③在一次事故中,先向事故责任者索要赔偿,然后再向保险公司索赔。

这种诈骗案的诈骗数额一般不大,但在日常生活中却最为常见。一般,投保人会在被别人追尾或被别人撞后,在第三方负事故责任且已完成赔偿的情况下,再到保险公司谎称车辆损失为自己倒车所致以骗赔。所以对单方事故,尤其是对车辆尾部损坏的单方事故进行现场查勘时,查勘人员应特别注意。

(11)顶替他人,冒充索赔

这是指被保险的汽车出险后,造成了财产损失或人身伤亡。但是,由于某些原因,被保险人或相关权益人没有资格向保险公司索赔,于是以利益等为诱饵,邀请其他被允许且有索赔资格的驾驶人代替自己向保险公司申请赔款,以骗取保险公司的赔付。

(12)内外勾结,狼狈为奸

尽管内外勾结有多种形态,但主要是指保险公司内部的相关工作人员与汽车修理厂相互勾结,利用被保险人因发生小事故而受到轻微损伤的标的车,通过故意碰撞的方式扩大损失,或者利用投保了车损险但只是前来进行例行维护的汽车,故意使其发生碰撞来骗取保险公司的高额赔偿。

（13）肇事逃逸，事后索赔

肇事逃逸是指交通事故发生后，当事人明知自己发生了交通事故，为逃避事故责任，故意逃离事故现场，不向公安机关报案的一种违法行为。肇事逃逸有两种情况：

其一，当事人在事故发生后驾驶肇事车逃离事故现场；

其二，弃车逃逸，即当事人将车留在现场，自己逃离事故现场。

但是，肇事逃逸者在被抓获之后，将面临严厉的法律制裁并需赔偿受害人的损失，此时他们很可能通过捏造事实向保险公司提出索赔。

知识点 4 汽车保险欺诈的调查与预防

1. 汽车保险欺诈的调查

（1）及时查勘现场

事故现场会遗留各种痕迹物证，这些物证中记载了大量能够真实反映事故发生、发展过程的信息，但这些痕迹和物证极易受到自然或人为因素的破坏。因此，案发后查勘人员应及时赶赴现场，掌握一切记录现场原始情况的资料，包括现场痕迹物证、访问笔录、影像资料、损失清单、财务账本等，这些资料证据对揭露诈骗起到关键作用。

（2）认真调查事故经过

①保险人应围绕事故在投保人（被保险人、受益人）及目击者中开展调查，对事故发生的经过、原因、损失情况，被保险人的经营状况、个人品行、近期异常表现，以及保险标的状况等与事故有关的情况进行详细询问，并做好记录。

②保险人应与负责事故处理或鉴定的部门密切配合，及时了解事故处理情况，主动提出涉嫌诈骗的疑点，争取公安机关的支持，并配合公安机关调查取证。

（3）综合分析案情，寻找揭露诈骗的突破口

保险人应运用现场查勘和调查访问所掌握的证据，分析案件性质，区分保险事故和诈骗案件。重点从以下几个方面进行分析。

①分析投保动机。

分析投保动机时应特别注意以下两点。

第一，对于超额投保案件，要对投保标的的实际价值进行核实。凡采用纵火、盗车等手段造成保险标的全损的案件，绝大多数都属于超额投保。

第二，对多次拒绝投保而后又主动上门投保的案件，要重点分析投保人的投保动机。这类案件大多是先出险后投保，或是在风险即将发生时临危投保。

②将有关时间联系起来分析。

将有关时间联系起来分析，即分析投保时间、出险时间、报案时间之间的关系。实践证明，有预谋的诈骗案件，几个关键时间点之间总有一些特殊联系。一般来说，出险时间

与投保时间或保单责任终止时间相隔越近，出险时间与报案时间间隔越长，发生道德风险的可能性就越大。因此，要仔细分析其中的原因，一旦发现疑点，就迅速查证。

③将现场痕迹物证与有关证据结合起来分析。

重点分析以下两个方面。

其一，将现场痕迹物证与保单、原始记账凭证进行对比，分析现场标的物及其损失数目与书证中记载的是否相符。

其二，将现场痕迹物证与有关证据进行对比，相互质证，验明证据真伪。通过分析证据与事实、证据与证据之间的相互关系，识破诈骗者惯用的伪造、变造有关证明材料的伎俩。

（4）委托专业机构，从事索赔调查

商务调查机构和信息咨询公司的人员在社会事务及案件调查上有着丰富的阅历和经验，可以借助这些机构的业务帮助和支持，有效识别保险欺诈。

2. 汽车保险欺诈的预防

（1）宏观预防

①提高认识。

正确的社会舆论导向对遏制欺诈非常有效。这项工作的重点应该放在改变人们的观念上，使保单持有者达成共识：保险欺诈是一种非常错误的行为。这既需要保险公司之间的相互交流、相互合作、共同宣传，也需要社会舆论的大力支持。

②司法界、新闻界协助保险界做好预防。

公检法部门应忠实履行职责，认真查处各类保险欺诈案件，严格执法，坚决打击犯罪分子。在办理各类保险欺诈案中，应及时将保险诈骗的状况、动态及预防经验以各类司法建议书的形式提供给保险机构，以便其及时调整和改进防范措施。

各类损失证明机关（包括公证机关）在证明过程中，应认真调查研究、严格审查，力求证明事项客观、真实、准确、合法。

新闻界可以有选择地对一些典型保险诈骗案的判决结果予以报道。

③利用新技术，共享各种信息。

在保险诈骗人员中，威胁最大的是那些欺诈惯犯，他们往往在一次得手后，会连续作案，而且其欺诈行为都经过精心策划，欺诈手段狡猾、隐蔽，不易被发现。但这类欺诈行为的表现形式及欺诈手段都十分相似，只是被欺诈的保险公司不同而已。因此，保险公司应建立一个反保险欺诈中心，收集有关信息并与其他保险公司共享，加强保险业从业人员之间的联系与协作，使从业人员能够及时发现以此类手段进行的保险欺诈，从而有效防范保险欺诈的发生，降低欺诈行为造成的损失。

④加强行业监管，规范市场行为。

防范保险欺诈，仅靠保险公司单方面的努力是不够的，还需要社会各界通力合作。首先，保险行业应充分加强行业自律，树立良好的行业形象。其次，立法部门要加强立法，执法部门从严执法，有力遏制保险欺诈。最后，保险监管部门要加强规范化管理，加大监管和打击力度，坚决制止并惩治不正当竞争行为。

（2）微观防范

微观防范是针对犯罪行为的具体防范，其主体是保险公司和保险业从业人员。需采取的措施有以下几种。

①严格贯彻执行《保险法》及其他法律的有关规定。

保险公司的工作人员必须认真学习《保险法》及有关法律，领会其精神实质，正确掌握各项法律规定，并积极向社会各界，尤其是向投保人、被保险人和受益人宣传法律知识，使他们自觉抵制各种保险欺诈行为。当投保人、被保险人或者受益人实施保险欺诈行为，损害了保险人利益时，保险人应依据有关法律规定维护自己的合法权益。

②对查勘定损人员实施"拒赔奖励"制度。

大多数的汽车保险欺诈是由查勘定损人员负责识别的。除了对这部分人员进行思想教育外，还可以推行"拒赔奖励"制度。当他们拒绝一起案件时，可以按照"从案""从值""从案从值"三种模式进行奖励，其中，"从案从值"的模式是在对每件拒赔案例给予定额奖励的基础上，再根据拒赔额的高低给予比例奖励。

3. 汽车保险欺诈的特征

随着汽车保险业务的迅猛发展，与车险事故相伴而来的骗赔案件也与日俱增。据业界保守估计，汽车保险业务中欺诈骗赔额占总赔款的 10%～15%，且近年来呈现上升态势。面对汽车保险欺诈疑案，虽然保险公司有时能够掌握一些外围线索和情况，但由于走访调查不及时、采痕取证不到位、反欺诈体制不健全或相关法律不完善等，在假象面前保险业从业人员往往力不从心、束手无策，难以收集到充分的欺诈骗赔证据，致使一些理应拒赔的除外责任案件和蓄意欺诈案件的骗赔得逞。

因此，对保险调查人员、保险理赔人员来说，了解汽车保险欺诈的典型行为特征，并有针对性地提高反欺诈能力和技巧就显得十分重要。

与汽车相关的保险欺诈骗赔手法可谓五花八门，我们根据实际工作心得及同行的经验，将汽车保险欺诈案件的一些共同特征总结在表 5.2.1 中，当出现其中某项或某些情况时，该案就应引起相关人员的警觉和重视，有必要时相关人员应该通过相关途径、渠道去调查落实，以防止错赔、滥赔。

表 5.2.1　汽车保险欺诈案件的一些共同特征

风险环节	案件特征
投保	曾经动员投保无效，突然提出上门投保的
	所有权不清或曾多次转手的车辆
	老旧车型高额投保的

续表

风险环节	案件特征
出险	深夜（特别是凌晨），或双休日、重大节日在郊区和三不管地区发案的
	道路交通事故不报交警而报派出所或其他部门的
	车贷险客户发生重大事故、全损事故或全车被盗抢的
	出险时间与起保日或终保日接近的
	临近出险日缴清保费或长时间拖欠保费突然主动缴清的
	车辆一段时间内未出险，突然发生重大事故且仅有车损险的
报案	标的车辆与出险车辆的牌号、发动机号、车架号与两证（驾驶证和行驶证）上的信息不一致的
	出险频率较高的五种人（报案人、出险时驾驶员、被保险人、行驶证车主和索赔权益人）
	由汽车修理厂代为报案和索赔或由修理厂人员开车出险的
索赔	事故有关当事人或知情人突然外出或去向不明的
	只同意口头或电话与保险公司联系而拒绝形成文字记录的
	出险原因不属于保险责任或与事故照片反映情况不吻合的
	提供的单证有涂改痕迹，笔迹雷同的；提供的材料过于齐全或繁杂的
	印章模糊或异常，发票或相关单据不规范的
查勘	案件事故照片有异样的
	车损严重，不经拆检无法定损，却当日做出全额赔付调解决定的；在我方定损时很快达成一致意见，也未要求回勘或复勘的
	车身大面积损坏而损坏部位与事故无直接联系的，费用项目及价格不合理的
	车身变形严重但驾驶员无伤或驾驶员与乘员轻易跳车成功的
	标的车追尾大型车，标的车重损，而大型车无损且逃离现场的
核赔	理算不准确的
	未按责免赔的，有重复索赔项目的，发票单据失效的，查勘费的列支不符合规定的
	以往频繁出险且案情及赔付金额十分相近的，事故当事人、被保险人和相关人关系密切的，索赔人无条件接受赔付方案的

▶▶ 课中实践

一　知识测评（判断题，正确的画"√"，错误的画"×"）

题号	题干	答案	知识链接
1	保险欺诈不违法		知识点 1
2	保险欺诈行为只要在合理范围内就可以		知识点 1
3	事故发生后，可以适当夸大事故损失程度		知识点 1
4	车险赔付率只有控制在 60% 以内，保险公司的经营才能保本或盈利		知识点 1
5	由于保险欺诈现象的存在，保险业不得不将其作为一种不可避免的风险因素来应对，在经营过程中进行种种必要的规避		知识点 1
6	某些投保人或被保险人法治观念淡薄。他们对保险法规不熟悉，分不清罪与非罪的界限，认为即使诈骗行为被识破，充其量不过是被保险公司拒赔而已；他们守法意识不强，自以为骗赔手段诡秘，可以瞒天过海		知识点 2
7	有些投保人原来并没有利用汽车保险进行欺诈的念头，只是受某种偶然因素的诱发，比如他人提醒，才产生了欺诈的念头，所以这类投保人若无偶然因素干扰，其保险欺诈行为不会产生		知识点 2
8	可以先出险，再投保，这样稳赚不赔		知识点 3
9	车主可以为了获得高额的保险赔偿，放任损失的继续扩大，甚至故意扩大标的的损失程度		知识点 3
10	车主可以与修理厂联手，共同扩大事故损失，车主获得了免费维修，修理厂获得了维修利润，一举两得		知识点 3
11	非营运车辆变更为营运车辆后出险，可以向保险公司索赔		知识点 3
12	案发后查勘人员应及时赶赴现场，掌握一切记录现场原始情况的资料		知识点 4
13	保险公司应与负责事故处理或鉴定的部门密切配合，及时了解事故处理情况，主动提出涉嫌诈骗的疑点，争取公安机关的支持，并配合公安机关的调查取证		知识点 4
14	对多次拒绝投保而后又主动上门投保的案件，要重点分析其投保动机。这类案件，大多是先出险后投保，或是在风险即将发生时临危投保		知识点 4

二 工作任务

1. 任务分组

班级		组号		指导老师	
组长		承担任务			
组员及分工					
姓名	承担任务		姓名	承担任务	

2. 任务实践

目标要求	1. 熟悉汽车保险欺诈的主要表现形式 2. 分析任务案例中嫌疑人的法律责任和法律后果 3. 掌握汽车保险欺诈的成因和防范措施
时间要求	30 分钟
方法说明	可以采取小组讨论、查询资料的方法来完成

实践具体内容		
序号	活动内容	活动记录
1	案例分析	案例中，胡某利用轿车 A 故意撞墙造成损失，却在报案时称此损失是与李某的车相撞造成的，这属于汽车保险欺诈情形中的哪种情况？ A. 编造未曾发生的保险事故，骗取保险金（预谋虚构，恶意欺诈） B. 编造虚假的事故原因，骗取保险金（捏造原因，隐瞒真相） C. 夸大损失程度，骗取保险金（施救不当，扩大损失） D. 故意制造保险事故，骗取保险金（故意碰撞，获取赔款）
2	案例拓展	案例中的欺诈案件存在夜间出险及痕迹不符两个明显特征，请写出有针对性的防范措施 夜间出险： 痕迹不符：

续表

3	案例强化	（1）此案构成保险欺诈的主体是_____，共犯是_____，客体是_____和_____ （2）此案诈骗金额总计约 35 万元。若骗赔成功，其中机动车交通事故责任强制保险赔付_____元，机动车损失保险赔付_____元，机动车第三者责任保险赔付_____元 （3）根据《中华人民共和国刑法》：进行保险诈骗活动，数额特别巨大或者有其他特别严重情节的，处_____年以上有期徒刑，并处_____万元以上_____万元以下罚金或者没收财产

3. 实施总结

组内的分工情况	
知识点的运用情况	
存在的问题	
改进的措施	

三　学习目标达成情况

序号	学习内容（知识、技能、行为习惯、职业素养）	目标达成情况			
		了解知道	理解掌握	指导下完成	独立完成
1	汽车保险欺诈的现状				
2	汽车保险欺诈的影响				
3	汽车保险欺诈形成的原因				
4	汽车保险欺诈的表现形式				
5	汽车保险欺诈的调查与预防				

课后延伸

一　理论测试

二　任务实施巩固

思维拓展	
问题 1	保险业从业人员应如何识别保险欺诈行为？
问题 2	如何防范和化解保险欺诈风险？